똑똑한 세금 이야기

우리 아이 부자로 만들어주는 경제 지혜

신승근 · 조경희 · 허종 지음

이영욱 · 김지원 그림 | 오은강 게임

SAMIL | 삼일인포마인

세금의 비밀을 풀어보는 똑똑한 세금 탐험

박 정 국회 예산결산특별위원회 위원장

어린이 여러분, 정치인들은 세금을 흔히 국민 혈세라고 말합니다. '국민 혈세'라는 말이 어려우시죠? 국민 혈세는 국민이 피땀 흘려 번 돈을 세금으로 낸다는 의미입니다. 그만큼 소중하고 중요한 돈이지요.

국가는 그 소중한 세금으로 운영됩니다. 그렇기에 함부로 쓰거나, 허투루 쓰면 안 되겠죠? 학교나 도로, 병원 같은 공공시설들은 우리가 낸 세금으로 세워지고, 운영됩니다. 또 국회는 정부가 국민의 세금을 잘 쓰고 있는지 감시하는 역할을 합니다.

이 복잡하고 어려운 과정을 『똑똑한 세금 이야기』는 친근한 그림과 알기 쉬운 글로 설명하고 있어, 세금에 관한 많은 것을 재미있게 배울 수 있습니다. 그래서 우리 어린이들에게 이 책을 꼭 추천하고 싶습니다.

이 책을 통해 세금을 올바르게 인식하고, 여러분이 어른이 되었을 때 똑똑한 납세자로 성장하길 기대합니다.

자, 이제 세금이라는 흥미로운 여행을 떠나보세요!

사회적 책임과 시민의식을 키워줄 특별한 책

강 은 희 대구광역시교육감 / 전국시도교육감협의회 회장

사랑하는 어린이 여러분 그리고 학부모님 여러분, 안녕하세요.
전국시도교육감협의회 회장(대구광역시교육감) 강은희입니다.

여러분께 우리 사회를 유지하는 데 중요한 '세금'에 대해 쉽게 이해할 수 있도록 도와주는 『똑똑한 세금 이야기』라는 책을 추천하게 되어 매우 기쁩니다. 우리나라 조세분야 최고 전문가들이 저술하고 한국세무사회가 적극 추천한 이 책은 어렵게만 느껴지는 세금의 개념을 우리의 삶에 자연스럽게 잘 녹여낸 훌륭한 자료입니다.

어린이 여러분, 세금은 단순히 나라에 내는 돈 이상의 의미를 지닙니다. 우리가 이용하는 공공시설의 유지관리, 사회적 안전망 확충 그리고 공동체의 지속가능한 발전을 위해 꼭 필요한 역할을 하지요. 이 책을 통해 세금이 왜 필요한지, 우리가 낸 세금이 어떻게 사용되는지를 알고 세금을 통해 어떻게 사회적 정의가 구현되는지 배움으로써 더 성숙한 시민의식을 가질 수 있을 것이라 기대합니다.

학부모님, 자녀가 세금에 대해 이해하고 경제적 사고를 키울 수 있도록 책과 함께 이야기를 나누고 지도해 주시길 부탁드립니다. 경제 교육은 돈의 개념을 배우는 것을 넘어 책임감 있는 시민으로 성장하기 위한 중요한 과정입니다. 『똑똑한 세금 이야기』는 자녀들에게 올바른 경제적 사고와 사회적 책임감을 길러줄 것입니다.

『똑똑한 세금 이야기』가 모두에게 유익한 동반자가 되어 학생들에게 세금의 의미와 가치를 쉽게 알려주고, 더 나은 사회를 만드는 데 기여할 수 있길 기대합니다. 감사합니다.

세금을 쉽고 재미있게 이해하는 첫걸음

고 광 효 관세청장

세금은 국가의 운영과 국민의 복지 증진을 위한 필수적인 재원입니다. 그러나 많은 사람들이 세금에 대해 어렵고 복잡하다고 느끼는 것이 사실입니다. 이런 현실 속에서 『똑똑한 세금 이야기』는 세금의 개념과 원리를 쉽고 재미있게 설명해 주는 매우 유익한 책입니다.

이 책은 만화와 그림을 활용해 어린이들이 일상생활 속에서 세금의 중요성을 자연스럽게 깨달을 수 있도록 흥미롭게 구성되었습니다. 책 속에서 다루는 다양한 세금의 종류와 쓰임새는 우리 아이들이 성인이 되었을 때 올바른 납세자로서 성장할 수 있는 토대를 마련해 줍니다. 특히, 세금이 우리의 생활 속에서 어떻게 쓰이고 있는지 구체적으로 알려주며, 공평한 세금 납부의 원칙을 강조하고 있어 미래 세대에게 꼭 필요한 경제적 지혜를 심어줍니다.

세금 교육은 단순히 의무를 넘어 우리 사회의 기본적인 시스템을 이해하는 중요한 학습 과정입니다. 이 책이 우리 아이들이 세금에 대한 긍정적인 인식을 가지게 하고, 나아가 책임 있는 사회 구성원으로서의 역할을 다할 수 있도록 돕기를 기대합니다. 국민의 납세의식 함양에 기여할 이 책을 모든 학부모님과 선생님들께 자신 있게 추천합니다.

청소년을 위한 세금 교과서

구 재 이 한국세무사회 회장

여러분! '똑똑한 세금 이야기' 출간을 진심으로 축하합니다.

세금은 정부가 공공시설이나 서비스를 제공하기 위해 국민으로부터 걷는 돈으로, 소득세법이나 법인세법 등 내용이 복잡한 여러 법률이 적용되고 있지요. 그렇기 때문에 전문가라도 세금을 쉽게 설명하기 어려운데, 『똑똑한 세금 이야기』는 꼭 알아야 하는 '세금'에 대해 알기 쉽게 소개하고 있습니다.

특히, 세금의 기초와 원리, 세금 종류와 쓰임새를 그림으로 설명한 부분이 재미있었고, 게임으로 세금 개념을 익힐 수도 있어서 어느 순간에 책이 금방 다 읽히네요.

이 책은 세금이 왜 필요하고, 어떤 역할을 하는지 그리고 세금을 어떻게 내야 하는지를 쉽게 알려주고 있어서 '청소년을 위한 세금 교과서' 역할을 하고 있습니다. 미래의 납세자인 청소년이 똑똑한 세금 주권자이자 성실납세자로 성장하는 데 힘이 되어 줄 것입니다.

우리 곁에는 항상 세무사가 있습니다. 세무사는 세금에 대한 국민의 권익 보호와 성실납세를 돕는 국가가 인정한 전문가지요. 세무사는 복잡하고 어려운 세금 제도로 세금을 더 내거나 누락되어 가산세를 부담하지 않도록 납세자를 돕는 일을 담당하고 있습니다.

여러분은 세금의 주인이 바로 세금을 내는 우리 자신이라는 사실을 잊지 말아야 합니다. 『똑똑한 세금 이야기』는 세금에 관한 지식을 쌓는 데 도움을 줄 뿐 아니라 미래를 준비하는 세금 쓰임새에 대해서도 생각하게 하네요. 여러분 곁에서 세금 전문가인 세무사도 함께 응원하겠습니다.

똑똑한 세금 이야기

국가의 흥망성쇠를 좌우하는 많은 요소가 있겠지만, '튼튼한 재정'은 그 중에서도 가장 중요한 관건 중의 하나이다. 사실 '튼튼한 재정'은 국가 차원에서만 중요한 문제가 아니라 기업, 가계와 같은 경제주체에게도 매우 중요한 문제이다.

아이들에게 자신의 재산을 지킬 지혜를 선물해 주고 싶다!

유태인은 아이들이 어렸을 때부터 제대로 된 경제교육을 하기 위해 많은 노력을 한다는 얘기는 우리에게 너무나 익숙한 이야기이다. 우리에게 생명, 신체와 함께 가장 중요한 개인의 재산을 어떻게 운영하고, 투자하고 또 지키느냐의 문제는 우리 삶의 가장 핵심적인 부분 중의 하나라고 생각한다. 특히, 재산을 모으는 것도 중요하지만 어렵게 모은 재산을 잘 지키는 지혜를 가르치는 일은 우리가 아이들에게 반드시 물려주어야 할 유산이라고 생각한다.

세금 교육은 가장 중요한 경제교육이다.

우리는 태어나서 죽을 때까지 세금 문제로부터 벗어날 수 없다. 그만큼 세금은 우리 생활과 밀접한 문제이다. 그렇기 때문에 반드시 알아야 할 숙제이다. 요즘도 텔레비전을 켜거나 신문을 펼치면 세금 문제는 빠지지 않는 '빅뉴스'이다. 세금 교육을 통해 경제생활을 이해하고, 모든 경제활동의 마지막은 반드시 세금 문제가 발생한다는 점을 알게 한다면 더욱 지혜로운 경제생활을 해 나갈 수 있을 것이다.

올바른 사고가 제대로 된 의사결정을 이끌어낸다.

우리나라는 세계적으로 우수한 국세 행정 시스템을 가지고 있다. 이미

신용카드 제도, 현금영수증 제도 등이 정착되어 영화를 보거나 책을 사더라도 모두 국세청에 정보가 들어가고, 포장마차에서 붕어빵 하나를 살 때도 계좌이체를 통해 결제가 가능하다. 문제는 이러한 시스템을 뒷받침하는 성실한 납세자의 정신이다. 아무리 뛰어난 제도를 가지고 있어도 공정하고 신뢰받는 국세 행정 시스템이 없으면 납세자가 이를 믿고 따를 수 없듯이, 납세자가 올바른 사고를 가지고 제대로 된 의사결정을 하지 않으면 자칫 '탈세'라는 함정에 빠지기 쉽다.

공정하게 과세가 이뤄지고 있다는 대답이 19.1%에 머물러

올해 제58회 납세자의 날(3월3일)을 맞이하여 참여연대 조세재정개혁센터가 여론조사 전문기관인 ㈜리서치뷰에 의뢰하여 국민의 의견을 수렴한 결과 공정과세가 이뤄지고 있다는 응답은 19.1%에 머물렀다. 우리나라 납세자가 정직하게 납세하고 있다는 응답은 32.1%, 탈세행위를 적정하게 처벌하고 있다는 응답은 11.4%에 불과했다. 세계에서 손꼽히는 우수한 국세 행정 시스템을 갖추고 있지만 국민은 아직 우리나라가 제대로 된 국세 행정을 하고 있지 않다는 응답을 하고 있는 것이다.

세금 교육이 우리 사회를 한 단계 더 도약할 수 있는 계기가 되길

국가와 사회를 한 단계 성장하게 할 수 있는 힘은 결국 구성원인 국민의 정신이다. 세계적으로 모범이 되는 국가성장을 이루었고, 이를 뒷받침하는 행정 시스템을 갖추어도 결국 국민과 함께 우리사회 시스템을 성숙하게 만들어가지 않으면 뿌리 깊은 발전을 이룰 수 없다. 이번에 발간하는 『똑똑한 세금 이야기』가 우리 사회를 한 단계 도약하는 계기를 만들기를 희망한다.

'똑똑한 세금 이야기'는 우리의 삶과 밀접한 관계를 맺고 있는 세금의 기초와 원리, 세금의 종류와 쓰임새를 만화와 그림을 활용하여 여러분에게 쉽게 설명하고 있습니다. 여러분은 이 책을 통해 사회의 많은 부분이 세금으로 운영되고 있다는 사실을 알 수 있을 것입니다. 이 책은 우리가 납부한 세금이 나라 살림에 어떻게 사용되고 있는지 알아보고, 각종 세금의 기초뿐 아니라 납부 방법에 관해서도 생각해 볼 수 있도록 구성되어 있습니다.

전반부 '세금의 기초와 원리'에서는 세금의 필요성과 용도를 알아보고 부가가치세를 소개합니다. 부가가치세는 가게에서 물건을 살 때 내는 세금입니다. 일상생활과 가장 가까이에 있는 부가가치세를 통하여 세금의 기초와 공평한 세금 납부, 만약 세금이 없으면 어떻게 되는지 알아봅니다.

후반부 '세금의 종류와 쓰임새'에서는 다양한 세금의 종류와 역할 그리고 사용에 관해 설명합니다. 예를 들어 학교를 세울 때는 국가나 지방자치단체가 거둔 돈을 사용하고 그 돈은 세금을 통해서 마련합니다. 그 밖에도 세금은 우리 생활과 관련된 여러 곳에서 사용되고 있습니다.

여러분은 우리 사회를 이끌어갈 주역입니다. 이 책이 여러분께 세금에 대한 흥미를 갖게 되는 계기가 되었으면 좋겠습니다. 자신뿐만 아니라 우리 모두의 생활이 더 나아지기 위해서 무엇을 해야 하는지 주변 사람의 다양한 의견을 들어보면서 자신의 관점에서 세금에 대해 생각해 보는 기회가 되길 바랍니다.

여러분, 똑똑하게 세금 낼 준비가 되었나요? 국민으로서, 납세자로서 우리나라를 유지하고 발전시켜 나가는 데 꼭 필요한 세금, 우리 함께 고민해 볼까요?

신승근 · 조경희 · 허 종 지음
이영욱 · 김지원 그림
오은강 게임

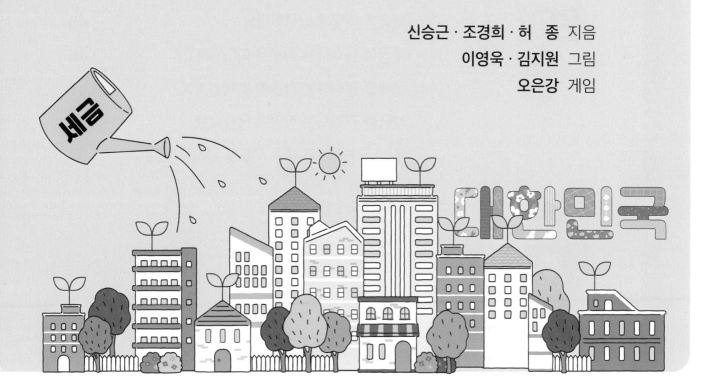

목차

제3장

세금의 종류

제4장

세금의 쓰임새

1 세금의 기초

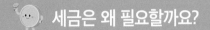
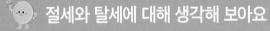

세금은 왜 필요할까요?

> 정부는 세금으로 우리가 쓰는 도로와 공원을 만들고

> 아픈 사람, 생계가 곤란한 사람을 위한 도움도 주지

> 결국 우리가 내는 세금은 우리가 되돌려받는 거네!

우리가 부담하는 세금은 우리 모두를 위해서 사용해요. 정부(국가나 지방자치단체)는 국민이 안전하고 쾌적한 생활을 할 수 있도록 다양한 활동을 하지요. 이러한 활동을 위해 사용하는 돈은 바로 우리가 부담한 세금에서 나온답니다.

예를 들어, 정부는 누구나 자유롭게 이용할 수 있도록 마을 곳곳에 도로나 공원을 만들어요. 이러한 시설을 우리는 공공시설이라고 부르지요. 또한 정부는 환자들을 위한 건강보험과 생계가 곤란한 기초생활수급자도 지원하고 있어요. 정부의 이런 지원사업을 공공서비스라고 해요.

공공시설을 만들거나 공공서비스를 지원하는 데에는 돈이 많이 들어요. 정부는 이러한 돈을 세금이라는 형태로 국민들에게 공평하게 부담시키고 있답니다.

세금에는 국가가 거두는 국세가 있고, 지방자치단체가 거두는 지방세가 있어요. 이들 세금 모두가 좀 더 살기 좋은 사회를 만드는 데 사용되고 있어요.

세금 퀴즈입니다 : 우리가 내는 세금은 어디에 사용하나요?

세금은 우리가 안전하고 쾌적하게 생활할 수 있도록 국가와 지방자치단체에서 거두고 있는 돈이랍니다. 국가와 지방자치단체는 세금을 사용하여 공공시설을 만들고 공공서비스를 제공하고 있어요.

공공시설과 공공서비스에 관한 아래의 퀴즈에 대답해 보세요.

시설을 만들거나 운영할 때 세금이 사용되고 있는지 ○, ×, △ 로 대답하세요

○ 세금이 사용되고 있다

× 세금이 사용되지 않는다

△ 세금이 사용되는 경우도 있고 그렇지 않은 경우도 있다

일러스트 세금퀴즈 **해 답**	얼마나 맞추었나요?	○ 세금이 사용되고 있다 × 세금이 사용되지 않는다 △ 세금이 사용되는 경우도 있고 　그렇지 않은 경우도 있다

○ ❶ **경찰서** 경찰서의 건물이나 경찰차 그리고 경찰관의 월급 등이 세금으로 운영되고 있다.

○ ❷ **하천** 1급, 2급하천은 건설교통부(하천관리청)와 광역자치단체가 관리하며 기타 하천은 기초자치단체가 관리한다. 이들 모두에 세금이 사용되고 있다.

○ ❸ **소방서의 소방차** 소방서뿐만 아니라 소방차와 소방관, 구급대원의 월급도 모두 세금으로 운영되고 있다.

○ ❹ **시청** 시청, 구청, 읍사무소, 동사무소 등은 기초자치단체가 운영하고 있으며, 세금을 사용하고 있다.

× ❺ **서점, 슈퍼마켓** 개인이나 민간기업이 운영한다. 세금을 사용하고 있지 않다.

△ ❻ **도로** 국도는 국가가 관리하며, 지방도로는 광역자치단체와 기초자치단체가 운영하고 있다. 일반적으로 세금이 사용되고 있다. 다만, 일부 도로는 개인이 관리하고 있다.

○ ❼ **우체국** 과학기술정보통신부 산하의 우정사업본부에서 운영하며 세금으로 운영하고 있다.

× ❽ **편의점** 개인과 민간기업이 운영하고 있기 때문에 세금을 사용하지 않는다.

△ ❾ **도서관·아동관** 대부분 공립으로 세금을 사용한다. 일부 개인이나 민간기업이 운영하는 곳도 있다.

△ ❿ **병원** 병원에서 치료를 받을 경우 비용 일부에 세금이 사용된다. 국립이나 공립병원은 세금으로 운영되고 있다. 다만, 비영리법인이나 개인이 운영하는 병원은 세금을 사용하지 않는다.

× ⓫ **택시** 개인이나 민간기업이 운영하고 있기 때문에 세금을 사용하지 않는다.

△ ⓬ **초등학교** 학교 설비나 수업에서 사용하는 교과서에 세금을 사용하고 있다. 그리고 국공립 초등학교는 세금으로 운영된다. 사립학교의 운영비는 원칙적으로 학생 보호자의 학비로 충당하나, 일부 운영비는 세금으로 충당되고 있다.

× ⓭ **은행** 민간기업이 경영하고 있으므로 세금을 사용하지 않는다. 일반 시중은행에 내는 세금이나 공과금은 기초자치단체를 대신해서 수수료를 받고 대행하는 업무이다.

△ ⓮ **공원** 대부분의 공원은 세금으로 운영되고 있다. 일부 개인이나 민간기업이 운영하는 공원도 있다.

○ ⓯ **지구대** 경찰서처럼 세금을 사용하고 있다.

만약에 세금이 없다면 어떻게 될까요?

간혹 '세금을 내고 싶지 않다'고 말하는 사람도 있어요. 그 사람은 세금 내는 돈이 아까워 세금을 내지 않고 그 돈으로 다른 물건을 사고 싶을 수도 있지요.

그렇다면 과연 세금이 없는 편이 좋을까요? 만약 세금이 없다면 어떻게 될까요? 경찰관이나 소방관이 하는 일을 민간기업이 맡았을 경우를 예로 들어, 만약 세금이 없어지면 우리 생활이 어떻게 변화될지 알아볼게요.

지금은 국가가 경찰과 소방 업무를 하고 있어서 경찰서나 소방서에 들어가는 비용을 세금으로 부담하고 있어요. 그래서 112나 119에 전화해서 경찰관과 소방관에게 도움을 요청하거나 경찰서나 지구대에 가서 길을 물을 때, 혹은 소방서에 화재 신고나 응급상황 발생 시 신고해도 돈을 낼 필요가 없지요. 하지만 만약 민간기업이 그 업무를 맡게 되면 경찰관의 월급이나 파출소 운영비를 이용자가 부담해야 해요. 그렇게 되면 집에 도둑이 들거나 길을 잃었을 때, 혹은 집에 불이 나거나 응급환자가 생겼을 경우 많은 돈을 내야 할 거예요. 그러면 결국 부자들만 경찰관과 소방관을 이용할 수 있게 되어 많은 사람들이 곤란해질 수 있어요. 이는 우리 모두가 원하는 방향은 아닐 거예요.

결국 우리는 경찰이나 소방 등 공공성이 높은 업무를 세금으로 운영하는 것이 적절하다는 사실을 알 수 있어요. 이러한 일을 정부가 계속해서 유지하기 위해서 우리가 세금을 내는 것이랍니다.

세금이 없다면 곤란해질 수 있다

- 돈을 지불하지 않으면 경찰관이 오지 않을지도 모른다.
- 사건이 일어나도 범인을 붙잡을 수 있는 경찰관이 없어서 치안이 나빠질 수 있다.
- 소방관이 화재를 진화하는 것도 유료가 될 지 모른다.
- 돈이 없으면 응급환자가 있어도 구급차를 부를 수 없게 된다.
→ 모두가 이용하는 공공서비스의 비용은 세금으로 부담하는 것이 좋다.

어린이도 부담하는 부가가치세

우리가 편의점에서 불닭볶음면·우유 등을 살 때, 혹은 마트에서 학용품·장난감·음료수·스마트폰·게임기·장난감·컴퓨터 등을 살 때 모든 상품의 가격에는 이미 부가가치세가 포함되어 있어요.

여러분은 구입한 물건에 부가가치세가 포함되어 있는지 확인해 보셨나요? 부가가치세가 있는 물건과 없는 물건이 어떤 것인지 얘기해 볼 수 있나요?

상품을 살 때 내는 부가가치세는 우리 생활과 친숙한 세금이랍니다. 편의점, 슈퍼에서 학용품, 일용품, 식품 등을 살 때 우리는 나이, 성별과 관계없이 모두 부가가치세를 내고 있어요. 이외에도 택시, 영화관람을 할 때도 가격에 부가가치세가 포함되어 있지요. 이 때문에 부가가치

세는 다양한 소비활동에 붙는 세금이라고 말한답니다. 부가가치세는 가게에서 상품을 살 때 상품가격에 포함되어 있으므로 자세히 확인하지 않으면 발견하기 어려워요.

부가가치세는 1977년 도입된 이후 10% 세율로 고정되어 운영되고 있어요. 만약 1,000원의 상품을 구매하고 돈을 내면 상품영수증에는 공급가액 910원, 부가가치세 90원으로 표기되어 있어요. 우리는 가게에 90원의 부가가치세를 내지만 그것은 가게 수입이 아니랍니다. 가게는 손님에게 물건을 팔 때마다 받은 부가가치세를 모두 모아서 관할세무서에 한꺼번에 납부하고 있지요.

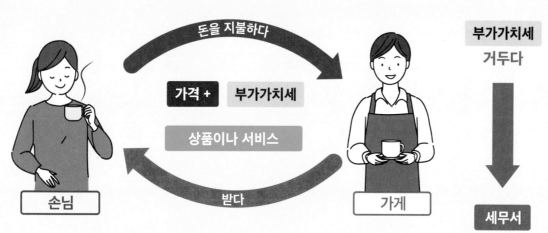

지출과 부가가치세의 관계

돈을 지불하다

가격 + 부가가치세

상품이나 서비스

받다

손님

가게

부가가치세 거두다

세무서

상품 같은 눈에 보이는 물체뿐 아니라 뭔가 작업을 하도록 하는 등 눈에 보이지 않는 서비스에 대해서도 돈을 낼 때 부가가치세가 붙는다.

세금에는 어떤 종류가 있나요?

모든 세금은 공평하게 법률로 정하고 있구나!

국가에 내는 세금도 있고, 지방자치단체에 내는 세금도 있대.

직접 내는 세금도 있고, 다른 사람을 통해서 내는 세금도 있다네.

부가가치세 이외에도 우리나라에는 여러 세금이 있어요. 그 수는 약 24종류나 되며, 각 세금의 성질과 분류에 따라 몇 개의 그룹으로 나눌 수 있어요.

첫째로 세금 내는 곳이 어디인지를 기준으로 분류하면, 국가에 납부하면 국세라고 하고, 지방자치단체(광역자치단체, 기초자치단체)에 납부하면 지방세라고

하지요. 국세는 대한민국 전체를 위해 사용하는 경우가 대부분이지만, 경우에 따라 일부를 지방자치단체에도 나눠줘요. 지방세는 세금을 거둔 지방자치단체에서 사용하는 세금이에요.

둘째로 세금 납부 방법에 따라 분류하면, 세금을 부담하는 사람과 납부하는 사람(납세자)이 같은 직접세와 세금을

부담하는 사람과 납부하는 사람이 다른 간접세로 나눌 수 있어요. 예를 들어 부가가치세를 부담하는 사람은 가게에서 물건을 사는 손님이지만 손님들로부터 받은 부가가치세를 납부하는 사람은 가게주인으로, 이처럼 부담하는 사람과 납부하는 사람이 다른 부가가치세를 간접세라고 하지요.

우리나라의 모든 세금은 법률로 규정되어 있어요. 세금의 종류가 많은 이유는 특정인에게 과도한 부담이 되지 않도록 능력에 따라 세금을 분담시키기 위해서지요. 정부는 다양한 상황에 놓여 있는 사람들이 가능한 한 공평하게 납부할 수 있도록 세금 제도를 마련하고 있답니다.

 우리나라의 주요 세금

(2024년 6월말 현재)

구분		내용
국세	직접세	• **법인세** : 법인(회사 등) 소득(이익)에 대해 납부한다.
		• **소득세** : 개인의 1년 소득(이익)에 대해 납부하고, 부동산 등을 팔 때에도 양도소득세를 납부한다. - 소득에 따라 이자, 배당, 사업(상가, 주택 임대), 근로, 연금, 퇴직, 양도, 기타소득 등이 있다.
		• **상속세** : 상속받은 때에 납부한다.
		• **증여세** : 개인이 재산을 증여(무상)받은 때에 납부한다.
		• **종합부동산세** : 보유하고 있는 토지와 주택에 대해 납부한다.
		• **농어촌특별세** : 소득세, 법인세, 관세, 취득세, 등록세 감면을 받거나 개별소비세, 증권거래세, 레저세, 종합부동산세를 납세의무자가 납부한다.
	간접세	• **부가가치세** : 상품을 구입한 때와 서비스를 제공받은 경우 부담한다. (부가가치세율 10%)
		• **개별소비세** : 고가사치품, 일정 배기량 이상의 차량, 유류, 담배 등의 제조 판매자와 경마, 경륜, 경정, 투전기, 골프장, 카지노 등의 입장과 유흥음식행위에 대해 부담한다.
		• **주세** : 막걸리, 맥주, 위스키 등을 제조공장으로부터 출하, 수입할 때 납부하고 살 때 부담한다.

구분		내용
국세	간접세	• **교통·에너지·환경세** : 자동차, 가솔린 등을 제조공장으로부터 출하할 때 납부하고, 살 때 부담한다.
		• **교육세** : 금융보험업자, 개별소비세, 교통·에너지·환경세, 주세 납세의무자가 납부하고, 이용자가 부담한다.
		• **인지세** : 일정 이상의 거래가 발생한 문서(계약서나 영수증 등) 등의 작성 시에 부담한다.
		• **증권거래세** : 주식 등을 거래하는 경우에 부담한다.
		• **관세** : 수입품을 국내에 가지고 올 때 부담한다.
지방세	직접세	• **취득세** : 부동산, 선박, 비행기, 자동차 등을 취득할 때 납부한다.
		• **등록면허세** : 부동산, 선박, 비행기 회사를 등록할 때 납부한다.
		• **지역자원시설세** : 발전용수, 지하수, 지하자원, 원자력과 화력 등 발전소 등을 이용하는 경우 납부한다.
		• **자동차세** : 자동차를 소유할 경우 차종, 배기량 등에 따라 납부한다.
		• **주민세** : 개인의 전년도 소득과 법인의 소득에 부과 및 개인 주소와 법인 사무소 등이 있는 시·군에 납부한다.
		• **지방소득세** : 소득세와 법인세 납세자가 지방자치재원을 위해 납부한다.
		• **지방교육세** : 취득세, 등록면허세, 레저세, 담배소비세, 주민세, 재산세 등의 납세자가 납부한다.
		• **재산세** : 토지, 건축물, 주택, 항공기, 선박을 소유한 자가 납부한다.
	간접세	• **지방소비세** : 상품을 구입한 경우와 서비스를 제공받은 경우에 부담한다. 부가가치세에서 분할하여 교부한다.
		• **레저세** : 경륜, 경정, 경마 등을 이용하는 경우 부담하고 운영자가 납부한다.
		• **담배소비세** : 담배를 제조공장에서 출하할 때 납부하고, 소비자가 살 때 부담한다.

나이별 세금 계획 짜기

우리는 살아가면서 나이에 따라 지금까지 본 적이 없던 여러 세금과 맞닥뜨려요. 아래에는 우리가 살아가면서 어떤 세금을 언제 만나는지 그림으로 나타냈어요.

우리는 태어나 연령별로 사회적으로 많은 권리도 누리고 각종 의무도 부담하면서 살아가요.
나이에 따라 우리가 어떤 세금을 내고 있는지 예를 들어 나타내 보았어요.

0세 태어날 때 부모나 조부모로부터 현금이나 주식, 부동산을 받는 경우 증여세를 납부해요.
*미성년자는 10년간 2천만원까지 공제하고, 2천만원을 초과하면 증여세를 납부해요.

10대 교육의 의무를 이행하는 시기이면서, 사회생활을 통해 자립심을 키우기 위해 소비주체가 되어 부가가치세를 납부해요.
* 학용품·핸드폰을 사거나 PC방, 게임 등을 이용할 때 부담해요.

20대 대학 진학과 사회 진출로 소비주체가 되어 레저시설을 이용하거나 술·담배를 산다면 주세, 교육세, 담배소비세, 레저세, 지방교육세를 부담해요.
* 레저시설 이용 : 레저세 / 술·담배 구입 : 주세, 담배소비세, 교육세, 지방교육세

30대 독립적인 경제주체로서 취직하거나 사업소득이 발생하는 경우, 혹은 해외여행 및 주식거래, 자동차 구입 시 소득세, 주민세, 증권거래세, 자동차세, 취득세, 등록면허세, 교통·에너지·환경세, 관세, 개별소비세, 농어촌특별세, 근로장려세제(EITC) 등을 납부하거나 부담 또는 지원받아요.
* 해외여행 : 관세 / 주식거래 : 증권거래세, 농어촌특별세 / 자동차 구입 : 자동차세, 취득세, 등록면허세, 교통·에너지·환경세, 개별소비세 / 소득 발생 : 소득세, 주민세

40대 소득이 성장하는 시기로서 각종 회사 운영, 재산 증식 혹은 부동산 취득 시 법인세, 지방소득세, 인지세, 종합부동산세, 농어촌특별세, 지역자원시설세, 재산세를 납부해요.
* 부동산 취득 : 인지세, 종합부동산세, 농어촌특별세, 지역자원시설세, 재산세 / 회사 운영 : 법인세, 지방소득세

50대 자녀교육과 해외여행이 잦아지는 시기로 개별소비세, 관세를 납부하고, 부모님의 사망으로 상속세를 납부해요.

60대 퇴직시기와 보유 재산의 매도시기이므로 퇴직소득세, 연금소득세, 양도소득세를 납부해요.

70대와 80대 가업을 물려주는 시기로 가업상속을 생각하고, 신체적 약화로 인한 각종 병원과 요양시설 등을 이용할 수 있는지에 대해서 고민해야 해요. 이런 때를 위해 세금을 성실하게 납부해야 해요.

 # 고향사랑 기부는 기부일까요, 세금일까요?

고향사랑 기부제! 어느 날 아는 친구가 모르는 게 있다며 질문을 했어요.

"고향사랑 기부제에서 고향은 자기가 태어난 곳이야? 이해가 안 돼. 고향이면 태어난 곳이야? 나처럼 태어난 곳과 자란 곳이 다른 사람은 어디가 고향이야?"

"기부제라고 하는 데 나는 기부에 대해 적극적인 마음이 없어. 왠지 부자들만 해야 할 듯하고 나처럼 애들 키우는 데 바쁜 사람은 마음이 움직이지 않아."

"아뿔사."

나도 모르게 실소를 금치 못했어요. 이제까지 몇 번이고 이야기를 나눈 그 친구조차도 고향이라는 말을 이해하지 못했고, 고향사랑 기부의 뜻이 어려웠던 거예요. 이 제도가 어쩌면 사람들에게 생소할지도 모른다는 생각이 스쳤답니다. 모두가 알기 쉽도록 정리가 필요하겠는걸?

나는 친구의 질문에 최선을 다해 설명했어요.

"여기서 고향이라는 말은 고향을 의미하지 않아. 그런데도 고향이라는 말을 쓰는 이유는 이 용어가 가장 적절하기 때문이야."

"고향사랑 기부제를 이해하기 위해서는 이웃 나라 일본 제도를 알 필요가 있어. 일본은 2008년부터 고향사랑 기부제를 하고 있고, 우리처럼 수도권 집중현상으로 비수도권은 소멸 위기에 놓여 있어. 지방은 지역을 떠난 지역민이 고향을 도울 수 있는 방안으로 고향납세제를 제시했어. 고향납세제는 수도권에서 고향인 비수도권으로 주민세 일부를 보내자는 제도야. 수도권은 크게 불만을 품었지만, 사실 비수도권이 살아야 수도권도 살 수 있잖아. 그래서 결국 받아들였지!"

"우리는 2023년부터 고향사랑 기부제를 하고 있어. 쉽게 말하자면 10만 원을 고향(또는 다른 지방자치단체)에 기부하면 100% 세금 감면을 해 줘. 그리고 지방자치단체에서는 3만 원의 답례 선물을 보내주지. 100% 기부하면 130% 돌려받는다는 말이 여기에서 나와. 고향사랑 기부제는 지역 기부에 대한 세금감면제도야!"

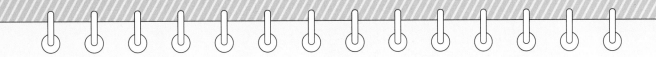# 절세와 탈세에 대해 생각해 보아요

절세(節稅, Tax Saving)란 세법이 인정하는 범위 내에서 합법적·합리적으로 세금을 줄이는 행위를 말해요. 다시 말해 세법을 충분히 이해하고 공부해서 법을 어기지 않는 선에서 세금을 줄일 수 있는 가장 효과적인 방법을 찾는 것이라고 할 수 있어요.

근로자의 경우 소비활동 중 현금을 내고 아무런 증빙 수집을 하지 않는다면 연말정산 시 별도 공제액 없이 세금을 그대로 납부하지만, 신용카드나 현금영수증을 수집하면 신용카드 등 공제금액이 늘어나 내야 할 세금이 줄어들므로 이를 절세라고 한답니다. 사업자의 경우에는 평소 세법에 맞는 증빙자료를 빠짐없이 수집하고 장부 정리를 꼼꼼하게 해두면 비용 누락을 막을 수 있고, 각종 의무사항을 성실히 이행하면 매입세액 불공제나 가산세의 불이익을 피할 수 있지요. 이처럼 각종 소득공제·세액공제 등의 조세지원을 활용할 수 있을 때, 즉 합법적으로 세금을 줄이려는 행위로써 이를 절세행위라고 해요.

반면 탈세(脫稅, Tax Evasion)란 고의로 사실을 왜곡하는 등의 불법적인 방법을 통해 세금 부담을 줄이려는 행위라고 말할 수 있어요.

사업자의 탈세유형으로는 수입금액 신고 누락, 실제 지출하지도 않은 비용을 지출한 것으로 처리하거나 실제보다 비용을 부풀려 처리하는 허위·가공경비 계상, 허위계약서 작성, 명의위장 등이 있어요. 이는 국가재정을 축내는 행위이고 이렇게 탈세한 세금은 결국 다른 사람이 부담해야 하므로 성실한 납세자에게 피해를 주는 행위이기도 해요. 결국 탈세란 불법적으로 세금을 줄이려는 행위를 말해요.

절세와 탈세에 관한 예를 한 가지 들어볼까요? 여기 집을 두 채 가지고 있는, 이혼을 앞둔 부부가 있어요. 이 부부가 부동산 등기이전 사유에 '이혼위자료 지급'과 '재산분할청구권에 의한 소유권 이전'이라는 두 가지 이유 중 하나를 선택할 수 있을 때, 부부는 어떤 선택을 해야 할까요?

'재산분할청구권에 의한 소유권 이전'을 이유로 남편의 재산이 부인에게 이전되면 부부의 공동 노력이 반영되어 아무런 세금이 없어요. 그러나 '이혼위자료 지급에 의한 소유권 이전'의 경우에는 종전 소유자인 남편은 양도소득세를 납부해야 한답니다.

(* 출처 : 국세청 세금절약 가이드 안내 책자)

상기와 유사한 사례를 접하게 된다면 우리는 어떠한 선택을 하여야 할까요?
당연히 조금이라도 세금을 줄일 수 있는 선택을 해야겠지요. 이처럼 세금 관련 사항을 선택할 수 있는
상황이 닥쳤을 때, 우리는 세금공부를 함으로써 절세하는 방법을 찾을 수 있을 거예요.

2

세금의 원리

그러게! 세금! 어렵지?

왠지 누군가는 억울하겠지?

우와~ 너는 누구야? 아니.. 뭐야?

후후후...

내가 말했던 그 새야. 어디서 왔는지 모를 이상한 새!

탈새라던가?

어렵더라도 똑바로 알아야 하는 게 세금!

엥? 너는 또 누구?

찡긋

절새라나 뭐라나. ㅜ.ㅜ 좀 이상한 애들이야.

세금은 누가 결정하나요?

납세의무는 국민의 중요한 의무이므로 세금 납부방법이나 세율 등은 함부로 변경하거나 결정할 수 없어요. 헌법 제38조는 '모든 국민은 법률이 정하는 바에 의하여 납세의 의무를 진다.'라고 규정하고 있어 법률로 정하지 않으면 세금을 부과할 수도 없답니다. 부가가치세는 부가가치세법, 법인세는 법인세법 등 모든 세금은 각각의 세법으로 정하고 있지요.

세금을 비롯한 모든 국가의 법률은 국회라는 의회의 장에서 국회의원들이 논의하여 정하고 있어요. 지방의 조례의 경우에는 지방의회 도, 시, 군, 구의 의원이 논의하여 정하고 있구요.

의원이란 우리가 선거로 선택한 대표자를 말해요. 우리들의 위임을 받은 의원이 의회에서 법률을 결정하고 있기 때문에 우리들이 스스로 법률을 만들고 있다고 할 수 있답니다. 법률의 제정과 개정 등은 우리들의 의사로 국가제도를 결정하는 국민주권이라는 사고에 근거하고 있어요. 또한 선거를 통해 대표자를 선출하는 구조도 모든 사람들이 존중하고 있는 민주주의에 근거하고 있지요.

우리 모두는 우리가 정한 법으로 세금을 납부해서 우리의 생활을 위해 사용하고 있어요. 불공평한 과세방법이나 이해할 수 없는 세금의 사용은 개정하지 않으면 안 된답니다. 국민으로서도 납세자로서도 세금 관련 법률과 사용처에 관심을 갖는 것은 아주 중요해요.

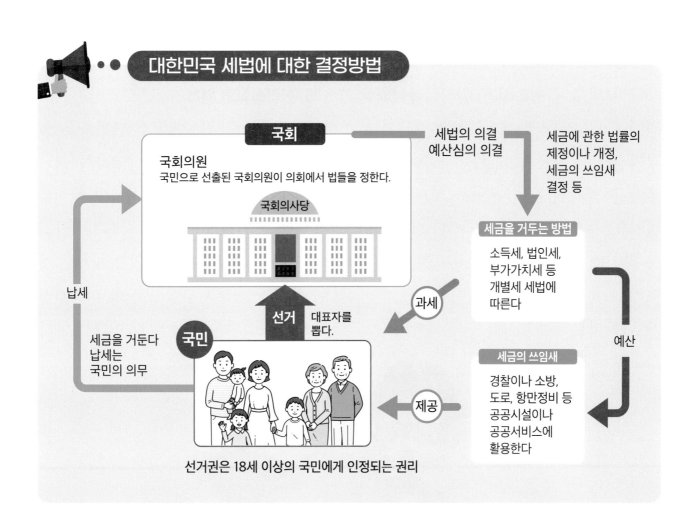

대한민국 세법에 대한 결정방법

국회

국회의원
국민으로 선출된 국회의원이 의회에서 법들을 정한다.

국회의사당

세법의 의결
예산심의 의결

세금에 관한 법률의 제정이나 개정, 세금의 쓰임새 결정 등

세금을 거두는 방법

소득세, 법인세, 부가가치세 등 개별세 세법에 따른다

과세

세금의 쓰임새

경찰이나 소방, 도로, 항만정비 등 공공시설이나 공공서비스에 활용한다

예산

제공

납세

세금을 거둔다
납세는
국민의 의무

국민

선거 대표자를 뽑다.

선거권은 18세 이상의 국민에게 인정되는 권리

세금의 원리가 궁금해요

국민 모두로부터 걷어서 우리 모두를 위해 사용하는 돈이 세금이에요. 그러므로 모든 국민이 공평하게 부담하고 적절하게 운용하기 위해 세금 제도에는 3가지 중요한 원칙이 있지요.

1. 공평의 원칙

소득이나 자산 등의 경제력이 같다면 세금 부담도 공평하다는 원칙이랍니다. 경제력이 높은 사람에게는 많은 세금을 부담시키고, 경제력이 낮은 사람에게는 부담을 작게 한다면 공평하다고 할 수 있지요. 능력이 되는 만큼 부담하는 응능부담의 원칙이기도 하구요. 공평에는 여러 가지 측면이 있기 때문에 다양한 세금을 마련하여 되도록 공평하게 부담하도록 하고 있답니다.

2. 실질과세의 원칙

명의상의 소득자와 실질적인 소득자가 다른 경우 실질적인 소득자가 세금을 납부하는 원칙이랍니다. 억울한 세금을 납부하는 경우가 없도록 하고 실질적인 소득과 거래에 대해 세금을 납부하는 것이 올바른 것이기 때문이지요.

3. 신의성실의 원칙

조세는 법률에 근거해서 납부하는 것으로서 법을 적용할 때 납세자와 국가나 지방자치단체가 상호 신의와 성실로써 납세의무를 이행하라는 원칙이랍니다. 그러므로 납세자만 신의를 지키는 것이 아니라 세무공무원도 신의로써 성실하게 납세의무 이행에 함께 임해야 한다는 것이지요.

공평한 세금이란 무엇일까요?

세금은 우리 모두를 위해 사용하는 돈이기 때문에 누구든 공평하게 부담해야 한답니다. 이때 말하는 '공평한 세금'이란 무엇인지 알아보도록 할게요. 다음의 예시를 읽고 어떤 방법으로 세금을 모으면 공평한지 생각해 볼까요?

A씨, B씨, C씨는 모두 가게를 운영하고 있어요. 1년 간의 매출과 비용을 계산했을 때 세 사람의 소득을 모두 더한 금액은 1,000만원이었어요.

- A씨의 가게 260만원
- B씨의 가게 40만원
- C씨의 가게 700만원

여러분들이 규칙을 만들어 세명의 이익에서 300만원의 세금을 모으기로 해요. 가능한 한 공평하게 세금을 모을 수 있도록 세 사람의 입장이 되어 생각해 보세요.

세 사람이 같은 금액을 부담한다

세 사람이 같은 금액의 세금을 부담하면 평등할 수 있을 것 같은데 어떻게 생각해요?

300만원을 3등분하면 1명당 100만원의 세금이 돼요. 이렇게 납부하기로 한다면 세금을 거둔 뒤 A씨에게는 160만원이 남고, C씨에게는 600만원이 남으며, B씨는 오히려 60만원이 부족해 빚을 내야 해요.

이처럼 같은 금액을 부담한다는 의미는 평등할 수는 있지만 공평하다고 말할 수는 없어요.

한 사람만 부담한다

이익이 가장 많은 C씨 한 사람에게 300만원의 세금을 모두 내게 한다면 어떻게 될까요?

세금을 내지 않는 A씨와 B씨는 기뻐하겠지요. 그리고 C씨는 이익이 많아서 세금을 낸 후에도 돈은 남아요. 그러나 여러분이 C씨의 입장이라면 공평하다고 생각할 수 있을까요?

C씨의 입장이라면 공평하다고 생각할 수 없을 거예요.

동일한 비율로 부담한다

소득에 대해서 30%라는 동일한 비율로 세금을 거두면 어떨까요?

모두가 같은 세율로 세금을 부담하면 공평하다고 말할 수 있을 거예요.

그러나 다음 표처럼 세금을 낸 후 B씨에게는 28만원이 남고, 이를 C씨가 세금을 낸 후 남는 490만원과 비교하면 17분의 1밖에 안 돼요. 과연 공평할까요?

구분	소득	세율	세금	잔액
A씨	260만원	30%	78만원	182만원
B씨	40만원	30%	12만원	28만원
C씨	700만원	30%	210만원	490만원
계	1,000만원	30%	300만원	700만원

다른 비율로 부담한다

세금을 부담할 수 있는 능력에 따라 세율에 변화를 주면 어떨까요?

A씨의 세율을 20%, B씨의 세율을 10%, C씨의 세율을 40%로 하면 다음의 표와 같아요.

(만원 미만은 절사)

구분	소득	세율	세금	잔액
A씨	260만원	20%	52만원	198만원
B씨	40만원	8%	3만원	37만원
C씨	700만원	35%	245만원	455만원
계	1,000만원		300만원	700만원

이처럼 B씨의 세금이 많이 줄었답니다. 그러나 B씨의 세금에 대비하여 A씨는 13배를 부담하고, C씨는 70배나 부담하게 됐어요. 부담능력만으로 본다면 과연 이것을 공평하다고 할 수 있을까요?

세금을 공평하게 납부하기 위한 방법

앞의 사례에서 동일한 소득에 대해 적용할 수 있는 다양한 세금 납부 방법을 알아보았어요. 모든 방법이 공평성을 가지고 있지만, 누군가는 공평하다고 생각하지만 누군가는 공평하다고 생각하지만은 않을 것 같아요. 각자 개인의 입장이 다르면 공평함을 다르게 느끼기 때문이지요.

공평한 세금이 이상적이지만, 납세자의 입장에 따라 생각이 다르기 때문에 모든 사람에게 공평한 세금은 사실 존재하지 않을지도 몰라요. 그래서 보다 공평하게 하려면 여러 방법을 이용하여 과세하는 것이 유용하지요.

한국에는 약 24종류의 세금이 있고 다양한 상품과 서비스에 세금이 부과되고 있어요. 또한 세금마다 납세자와 세율이 정해져 있고, 세금 법률도 각각 다르답니다. 우리나라에 이처럼 많은 종류의 세금이 있는 이유는 수많은 납세자들의 다양한 입장을 고려하여 가능한 한 공평하게 세금을 납부하도록 하기 위해서예요.

세금을 납부하는 방법

동일한 금액(세율)을 부담하는 세금	부가가치세

부가가치세는 물건을 사거나 서비스를 받을 때 내는 세금이에요. 동일한 행위에 대해 모두가 동일한 금액의 세금을 부담해요. 세액이 같아서 매우 평등하다고 할 수 있지만 소득이 적은 사람은 그만큼 더 많은 부담을 가질 수 있어요.

특정한 사람만 부담하는 세금	주세, 개별소비세, 담배세, 자동차세

주세는 주류에, 담배세는 담배에 붙는 세금이에요. 모든 상품의 가격에 세금이 포함되어 있어서 구매하는 사람만 부담해요. 자동차세와 재산세는 자동차와 토지나 건물에 붙는 세금으로, 소유하는 사람만 세금을 부담하지요.

동일한 비율로 부담하는 세금	주민세(개인, 법인의 균등할, 소득할)

주소와 소득이 있을 경우 부담하는 주민세와, 회사의 소득에 대해 납부하는 법인할 주민세는 개인과 기업이 동일한 비율로 부담하는 세금이에요. 예를 들면 법인소득할 주민세는 회사의 규모와 업종에 따라 다르며 이익에 따라 동등한 세율로 세금이 부과돼요. 이 때문에 이익이 클수록 많은 세금을 부담하지요.

능력에 따라 부담하는 세금	소득세, 법인세, 상속세, 증여세

소득세는 회사에서 받는 월급 등에 붙는 개인의 세금이에요. 상속세는 사망한 사람이 남긴 재산에 대해 상속받는 사람이 납부하는 세금이며 증여세는 증여받은 재산에 대해 증여받는 자가 부담하는 세금이지요. 이들 모두 과세대상이 되는 금액이 클수록 세율이 단계적으로 높아지는 누진과세를 하고 있어요.

세금은 어떻게 납부할까요?

세금을 납부하는 것을 납세라고 하며 세금을 납부할 의무가 있는 사람을 납세자라고 해요. 또한 세금을 부담하는 사람은 담세자라고 하지요. 부가가치세의 경우, 담세자는 상품을 구매하는 사람이며 납세자는 상품을 판 가게예요. 이와 달리 사업을 해서 소득이 있는 개인이나 법인(회사 등)은 납세자인 동시에 담세자가 되지요.

우리나라 세제에서는 원칙적으로 자신의 세금을 스스로 계산하여 납부하도록 되어 있어요. 예를 들어, 가게와 회사를 경영하는 사람은 1년에 1회 납부해야 할 세금을 계산하여 관할세무서에 서류를 제출하여 소득세와 법인세를 납부해요. 회사원은 사장님이 매월 월급에서 세금을 원천징수하여 관할세무서에 납부하구요. 이렇게 회사에서 직원을 대신하여 소득세와 주민세를 정리하여 납부하기 때문에 회사의 사장님을 원천징수의무자라고 한답니다.

하지만 모든 세금을 본인이 계산하여 납부하는 것은 아니에요. 집이나 토지에 부과되는 재산세나 자동차에 부과되는 자동차세 등의 세금은 국가나 지방자치단체가 계산하여 납세자에게 통지해 주거든요.

세금을 징수하는 기관은 어디일까요?

세금을 징수하는 기관은 여러 곳이 있어요. 단계별로 알아보면 다음과 같아요.

▶ 세무서(133개, 2024년 6월말 기준)

세금을 다루는 기관이에요. 전국 각지에 세무서가 있어요. 국세의 납부관서가 바로 세무서랍니다. 세무서는 국세 징수를 주된 업무로 하며 세무상담과 납세에 대한 조사업무도 하지요.

▶ 지방국세청(7개, 2024년 6월말 기준)

세무서의 상급기관이에요. 지방국세청의 업무 중 개인이나 기업을 대상으로

하는 일반창구 역할을 하는 곳이 세무서예요.

▶ 국세청

지방국세청의 상급기관이에요. 전국의 지방국세청과 세무서를 지도 및 감독하는 기관이지요. 국세청은 다음 페이지에서 설명할게요.

이와 별도로 지방세는 지방자치단체가 징수해요. 지방세 납부관서는 개인과 기업의 주소가 있는 기초자치단체와 광역자치단체의 세무과랍니다.

국세를 관리하는 기관을 알아볼까요?

국세를 징수하거나 세금을 다루는 기관을 지도 및 감독하는 흐름은 다음과 같아요.

국가, 기획재정부   정부조직 중 기획재정부에서 만든 세금 관련 법률은 국회에 제출해요.
         * 기획재정부는 산하에 국세청, 관세청, 통계청, 조달청을 두고 있어요.

국세청   국가의 세무행정을 담당하고 지방국세청과 세무서를 지도하며 감독해요.

지방국세청   세무서를 지도 및 감독해요. 아래 그림과 같이 7개 지방국세청이 있어요.

세무서   세금의 과세 및 징수 사무를 담당하고 있으며 전국에 133개가 있어요.

(현황) 국세청 - 본청과

7개 지방청, 133개 세무서 존재

1. 국세청 - 세종시

2. 서울지방국세청 - 서울시(28개서)

3. 중부지방국세청 - 수원시(25개서)

4. 인천지방국세청 - 인천시(15개서)

5. 대전지방국세청 - 대전시(17개서)

6. 광주지방국세청 - 광주시(15개서)

7. 부산지방국세청 - 부산시(19개서)

8. 대구지방국세청 - 대구시(14개서)

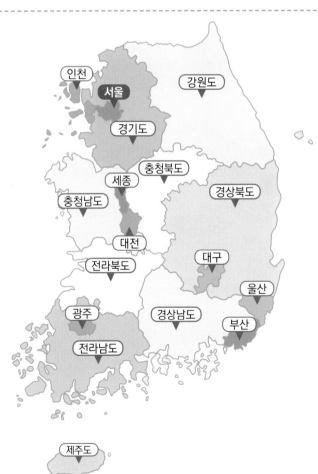

 여러분! 여러분이 살고 있는 지역의 세무서를 찾아보세요!

1. 서울지방국세청과 28개 세무서

▶ 서울특별시

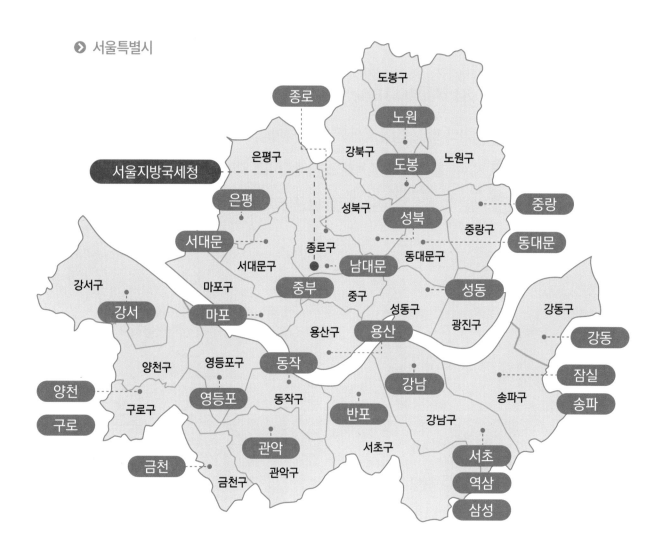

 여러분! 여러분이 살고 있는 지역의 세무서를 찾아보세요!

2. 중부지방국세청과 25개 세무서

▶ 경기도

▶ 강원도

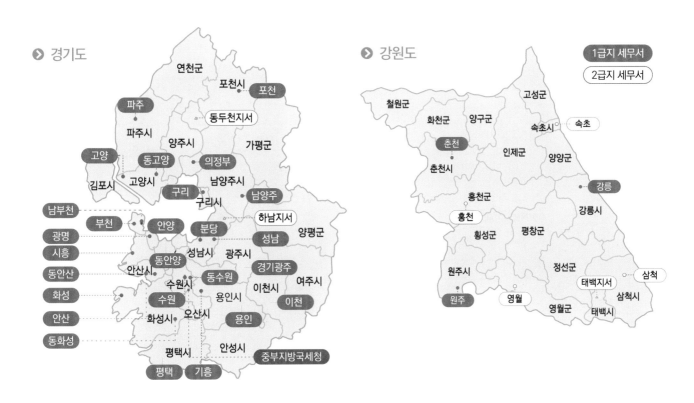

 여러분! 여러분이 살고 있는 지역의 세무서를 찾아보세요!

3. 인천지방국세청과 15개 세무서

▶ 인천광역시

 여러분! 여러분이 살고 있는 지역의 세무서를 찾아보세요!

4. 대전지방국세청과 17개 세무서

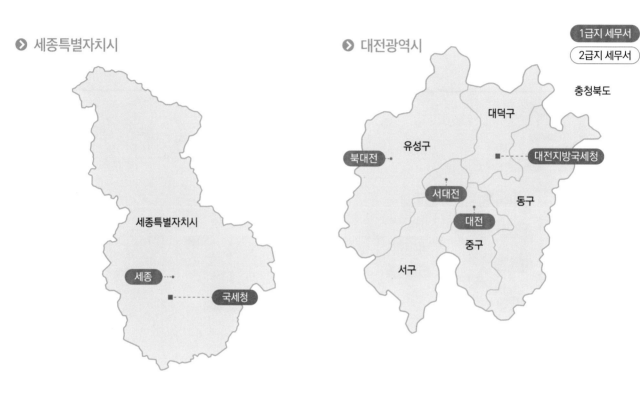

▶ 세종특별자치시

세종특별자치시
세종 ⋯⋯ 국세청

▶ 대전광역시

1급지 세무서
2급지 세무서

충청북도

대덕구
유성구
북대전
대전지방국세청
서대전
동구
대전
중구
서구

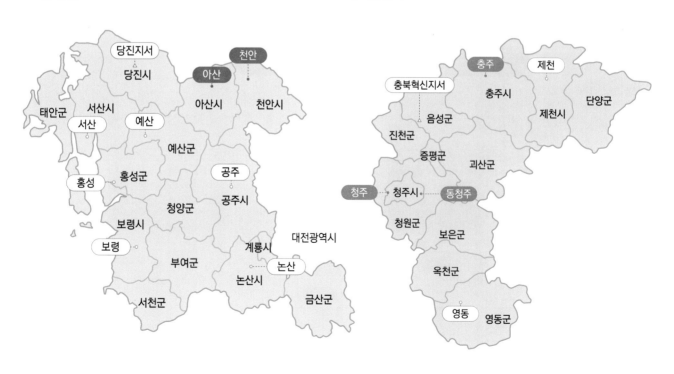

▶ 충청남도

당진지서
당진시
천안
아산
아산시
천안시
태안군
서산시
서산
예산
예산군
홍성
홍성군
공주
공주시
청양군
보령시
대전광역시
보령
계룡시
부여군
논산
논산시
금산군
서천군

▶ 충청북도

충주
제천
충북혁신지서
충주시
음성군
제천시
단양군
진천군
증평군
괴산군
청주
청주시
동청주
청원군
보은군
옥천군
영동
영동군

 여러분! 여러분이 살고 있는 지역의 세무서를 찾아보세요!

5. 광주지방국세청과 15개 세무서

> 광주광역시

> 전라북도

> 전라남도

 여러분! 여러분이 살고 있는 지역의 세무서를 찾아보세요!

6. 부산지방국세청과 19개 세무서

- 제주도 소재(국세상담센터, 국세공무원교육원, 주류면허지원센터)

▶ 부산광역시

경상남도

기장군
금정
금정구
북구   동래
동래구   부산지방국세청
연제구
북부산   해운대구
사상구 부산진구 수영구 해운대
수영
서구동구 남구
강서구 사하구 중구
영도구 부산진
부산강서 중부산
서부산

남해

동해

▶ 울산광역시

1급지 세무서
2급지 세무서

북구
동울산
울주군 중구
울주지서 울산
남구 동구

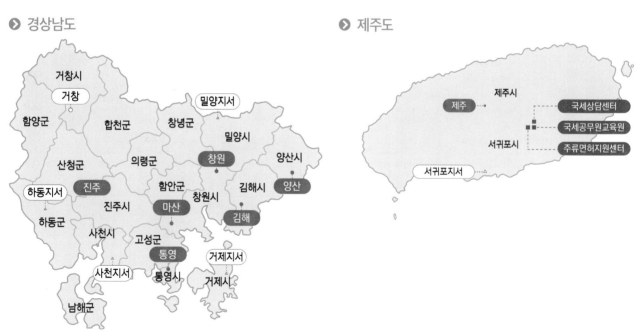

▶ 경상남도

거창시
거창
밀양지서
함양군 합천군 창녕군
밀양시
산청군 의령군 창원 양산시
하동지서 진주 함안군 김해시 양산
진주시 마산 창원시 김해
하동군
사천시 고성군
통영
사천지서 거제지서
통영시 거제시
남해군

▶ 제주도

제주시
제주   국세상담센터
국세공무원교육원
서귀포시   주류면허지원센터
서귀포지서

 여러분! 여러분이 살고 있는 지역의 세무서를 찾아보세요!

7. 대구지방국세청과 14개 세무서

> 대구광역시

> 경상북도

세금을 관리하는 직업이 궁금해요

세금을 다루는 직업에는 세무공무원, 지방세공무원, 세무사 등이 있답니다. 이들에 대해 소개할게요.

세무공무원은 세무서에, 지방세공무원은 광역 및 기초자치단체에 근무하는 국가공무원이랍니다. 세금을 징수하는 사람으로서 세금 관련 서비스를 제공하지요.

세무사는 세금 전문가로, 납세자를 대리하여 각종 세금의 신고와 납부 등을 대신 해주고 세무상담도 해요. 우리나라는 본인의 세금을 본인이 계산하여 납부하는 것이 원칙이지만 세법이 어렵기 때문에 세무사의 도움을 받을 수 있어요. 세무사는 기업경영자와 개인사업자 이외에 일반 개인의 상담도 받아요. 세무사에게는 세무 업무를 하면서 알게 된 비밀을 공개하면 안 되는 비밀유지 의무가 있으며, 청렴하고 성실하게 납세자를 상대할 의무가 있으므로 납세자와 상담자는 안심하고 세무사에게 상담할 수 있답니다.

세무사는 공공성을 지닌 세무전문가로서 납세자의 권익을 보호하고 납세의무를 성실하게 이행하게 하는 데에 이바지하는 것을 사명으로 하고 있어요. 때문에 나라 살림에 쓰이는 세금을 적법하게 납부할 수 있도록 국가와 국민 사이에서 교량 역할을 담당하는 한편 국민 가까이에서 세무행정의 선진화도 도모하며 국민 개개인과 기업 현장 가까이에서 전문성과 책임을 갖고 국민의 권익과 재산을 지키고 있답니다.

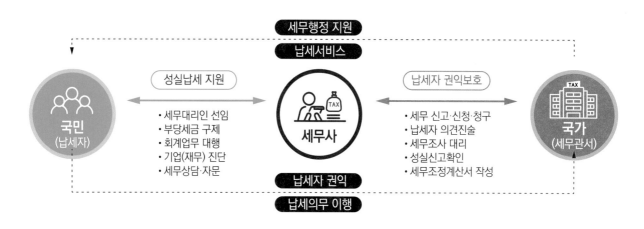

세무사회는 서울에 한국세무사회(본회)를 두고 서울, 중부, 부산, 인천, 대구, 광주, 대전지방세무사회(7개)와 130개 지역세무사회로 구성되어 있어요

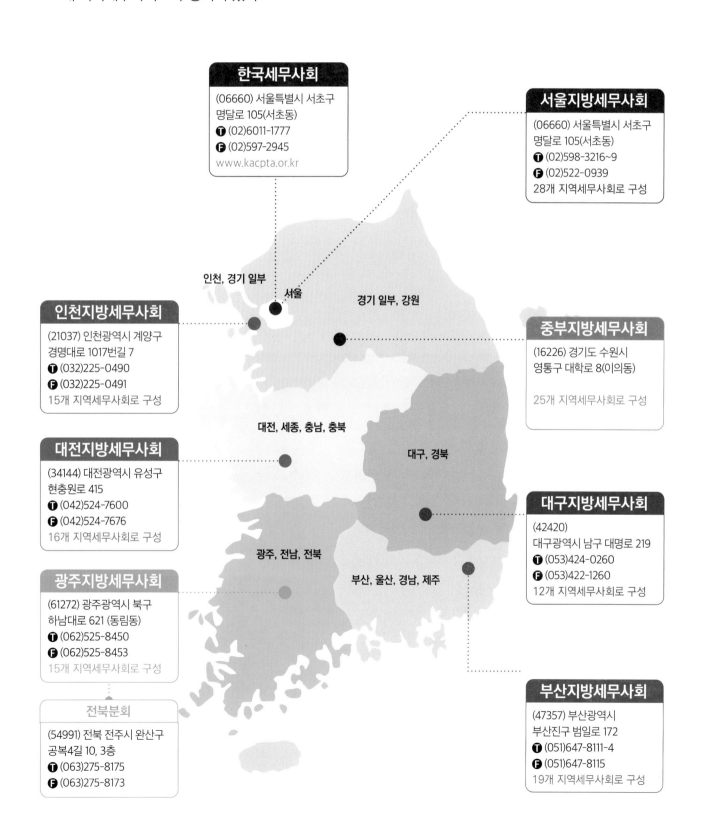

한국세무사회

(06660) 서울특별시 서초구 명달로 105(서초동)
☎ (02)6011-1777
🖷 (02)597-2945
www.kacpta.or.kr

서울지방세무사회

(06660) 서울특별시 서초구 명달로 105(서초동)
☎ (02)598-3216~9
🖷 (02)522-0939
28개 지역세무사회로 구성

인천지방세무사회

(21037) 인천광역시 계양구 경명대로 1017번길 7
☎ (032)225-0490
🖷 (032)225-0491
15개 지역세무사회로 구성

중부지방세무사회

(16226) 경기도 수원시 영통구 대학로 8(이의동)

25개 지역세무사회로 구성

대전지방세무사회

(34144) 대전광역시 유성구 현충원로 415
☎ (042)524-7600
🖷 (042)524-7676
16개 지역세무사회로 구성

대구지방세무사회

(42420)
대구광역시 남구 대명로 219
☎ (053)424-0260
🖷 (053)422-1260
12개 지역세무사회로 구성

광주지방세무사회

(61272) 광주광역시 북구 하남대로 621 (동림동)
☎ (062)525-8450
🖷 (062)525-8453
15개 지역세무사회로 구성

전북분회

(54991) 전북 전주시 완산구 공복4길 10, 3층
☎ (063)275-8175
🖷 (063)275-8173

부산지방세무사회

(47357) 부산광역시 부산진구 범일로 172
☎ (051)647-8111-4
🖷 (051)647-8115
19개 지역세무사회로 구성

인천, 경기 일부
서울
경기 일부, 강원
대전, 세종, 충남, 충북
대구, 경북
광주, 전남, 전북
부산, 울산, 경남, 제주

세무사가 되는 방법

세무사가 되기 위해서는 국가공인 자격시험인 세무사 시험에 합격해야 해요. 세무사 시험은 1년 1회 실시하며 1차, 2차 시험 모두 최종 합격한 뒤에 한국세무사회에서 주관하는 6개월의 수습세무사실무교육을 이수해야 합니다. 세무사 시험은 최근 5년간 합격률이 10%가 조금 넘는 걸 보면 세무사 시험은 공부해야 할 양도 많고, 난이도가 높은 편이에요.

등록 후 개업 중인 세무사

*괄호() 안 : 여성   2024. 9. 30.

구분	총회원수	휴업회원	개업회원	개업회원
합계	16,507 (2,273)	708 (172)	15,799 (2,101)	100%
서울	7,496 (1,202)	487 (115)	7,009 (1,087)	44.4%
중부	2,727 (384)	79 (19)	2,648 (365)	16.8%
부산	1,971 (206)	45 (10)	1,926 (196)	12.2%
인천	1,642 (228)	53 (18)	1,589 (210)	10.1%
대구	886 (66)	19 (4)	867 (62)	5.5%
광주	858 (76)	6 (-)	852 (76)	5.4%
대전	927 (111)	19 (6)	908 (105)	5.6%

국세청 세금교실, 한국세무사회 현장체험교육

일단 첫번째로 국세청에서 운영하는 세금교실이 있어요. 세무서에서는 전국 초등학교, 중학교, 고등학교에 연간 12,000회 이상(2021년말 기준) 세금교실을 열었지요. 세금교실에서는 경험이 풍부한 세무공무원이 세금에 대해서 알기 쉽게 설명해줘요.

한국세무사회에서는 국민 세금 교육을 목적사업으로 하면서 중·고등·대학생을 상대로 현장체험교육과 진로특강 강의를 실시해 세무사의 역할 제고와 올바른 납세의식 함양에 힘쓰고 있답니다.

앞으로 본 교재를 활용하여 전국 초·중·고등학교 학생을 대상으로 세금교육을 확대할 예정이랍니다.

우리나라 과거의 세금 제도를 알려주세요!

현재는 세금을 돈으로 걷고 있지만, 예전에는 농작물이나 근로 등 돈 이외의 방법으로 세금을 내는 시대가 있었답니다.

삼국시대 (서기전 57년 ~ 935년)

삼국사기 권44-50

조용조(租庸調)는 삼국시대 세금을 말해요.
* 조(租) : '벼'란 뜻의 한자로서 벼나 쌀을 국가에 바치는 것
* 용(庸) : '사람을 쓰다'란 뜻의 한자로서 돈을 받지 않고 국가 일을 하는 것[역무(役務)]
* 조(調) : '조절하다'란 뜻의 한자로서 벼와 역무 대신 특산물로 국가에 바칠 수 있도록 하는 것

고려 시대 (918년 ~ 1392년)

<고려사(권78)> 조세원칙

삼국시대와 다른 점은 조(租)를 조(租)와 세(稅)로 나누어 사용했다는 점이에요. 둘 다 벼를 내는 것인데, 조(租)는 토지를 경작한 사람이 토지 소유자에게 바치는 것이고, 세(稅)는 토지 소유자가 국가에 벼를 바치는 것을 가리켜요.
용(庸)은 역무(役務)라고도 했으며, 삼국시대와 같아요.
조(調)는 공물(貢物)이라고 했으며, 삼국시대와 같아요.

조선 시대 (1392년 ~ 1897년)

<각도군각곡시가표>
조선후기 조세 사무 담당

* 건국 초기 토지제도는 과전법으로서 공무원은 직급에 따라 18과로 나누어 일정한 과전을 받게 되는데 주로 경기도 지방에 있는 토지를 분배받았고 공무원이 죽으면 국가에 귀속했어요.
* 조(租)는 국가 소유의 토지인 공전의 경작자가 국가에 내는 지대 또는 개인 토지 경작자가 토지 소유자에게 내는 사용료를 말하고, 세(稅)는 토지의 소유자가 국가에 내는 세금을 말해요.
* 공무원 숫자가 늘어나면서 토지가 부족하게 되자 퇴임 공무원에게는 토지를 주지 않고 현직 공무원에게만 토지를 지급하는 직전법이 시행되었어요.
* 이후 모든 세금을 국가가 징수하였으므로 조(租)와 세(稅)의 구분이 없어졌고, 조세의 구분이 모호하게 됨에 따라 조(租)와 세(稅)가 혼동되어 사용되었으며, 오늘날에는 세금을 구분 없이 조세라고 일컬어요.

3 세금의 종류

소득세에 대해 알아봅시다

 법인세에 대해 알아봅시다

 부가가치세에 대해 알아봅시다

 상속세에 대해 알아봅시다

 증여세에 대해 알아봅시다

 기타 세금에 대해 알아봅시다

와 종합소득세..
세금이 나왔네!

어김없이…

언니, 언니는 프리랜서잖아.
그런데도 세금을 내?

응, 일한 돈을 거래처에서
받을 때는 세금을 떼고,

아마 거래처에서
세금을 내겠지?

생각보다 적네

그것 외에도 1년에 한번씩
세금을 내더라구.

또 내라구요?

감사~

직장을 다니는 사람만
세금을 내는 건 아니구나.

누구건, 어디서건, 돈을 벌면
세금을 내는 게 원칙인가봐~.

사무룩

그래도 돈 많이
벌어서 용돈, 알지?

에고... 매일 네가 병원에서 고생하는구나. 내가 너희에게 물려줄 재산이 조금 있는데,

나 돌아가면 주더라도.. 거기에 세금이 얼마나 나올지..

아유 아버지...

그런 거 신경쓰지 마시고, 건강에만 신경쓰세요.

근데 엄마가 할아버지한테 상속을 받으면 세금을 내요?

얼마나요?

많이요?

그럼~. 자동차를 살 때도, 갖고 있어도 세금을 내고, 집을 갖고 있어도, 팔 때도 세금을 내고, 상속을 받아도 세금을 내고.. 아이스크림을 사도 세금을 내고~

별떠

하... 할아버지ㅣ

헐.. 세금이 이렇게 곳곳에 숨어 있구나.

어른들은 이걸 내면서 돈을 모으는 거야?

털썩

소득세에 대해 알아봅시다

소득세는 개인소득에 대한 세금이며 국가 세수의 약 32%를 차지하고 있어요. 소득세에서 '소득'이란 1월 1일부터 12월 31일까지 1년간 벌어들인 수입에서 이를 벌기 위해 사용한 비용을 뺀 이익을 말하지요.

소득은 성질에 따라 8가지 종류로 분류돼요. 회사원·공무원의 월급과 보너스로 구성된 근로소득, 장사를 하는 사람(자영업자)의 이익에 해당하는 사업소득, 은행에 맡긴 예금이자인 이자소득 등이 있지요.

소득세 금액(소득세액)은 과세되는 소득금액에 세율을 곱하여 **산출**해요. 소득세는 누진과세(초과누진과세)가 적용되어 소득이 많은 사람일수록 세율이 높아져 납부해야 할 세금이 많아진답니다.

 소득세액의 산출방법

소득	수입금액-비용=소득금액	·소득공제는 소득금액에서 빼는 금액
과세소득	소득금액-소득공제=과세소득금액	·세액공제는 세액에서 빼는 금액
소득세액	(과세소득금액×세율-공제액)-세액공제=소득세액	

종합소득세 세율

과세표준	세율	누진공제
14,000,000원 이하	6%	–
14,000,000원 초과 50,000,000원 이하	15%	1,080,000원
50,000,000원 초과 88,000,000원 이하	24%	5,220,000원
88,000,000원 초과 150,000,000원 이하	35%	14,900,000원
150,000,000원 초과 3억 원 이하	38%	19,400,000원
3억 원 초과 5억 원 이하	40%	25,400,000원
5억 원 초과 10억 원 이하	42%	35,400,000원
1,000,000,000원 초과	45%	65,400,000원

* 세율 : 8단계 누진 세율   (소득세 속산표)

[출처 : 소득세법 제55조(2024년)]

계산 예시

수입금액	1억원
비용	6천만원
소득금액	4천만원
소득공제	1천만원
과세소득	3천만원

위의 예시에서 소득세액은 다음과 같다.

과세소득금액	30,000,000
세율	15%
산출액	4,500,000
누진공제액	1,080,000
소득세산출세액	3,420,000

소득세법상 8가지 종류의 소득

개인소득은 직장인 월급이나 자영업자 소득 이외에도 은행예금 이자나 주식투자에서 얻은 배당, 아파트 임대에서 받은 월세수입 등 여러 가지가 있어요. 소득세법상 소득은 8가지 종류로 나누어져요.

- **8가지 소득 : 이자, 배당, 사업(부동산소득 포함), 근로, 기타, 연금, 퇴직, 양도소득**

* 소득세 계산은 여러 소득을 종합하여 계산하는 종합과세가 원칙이나 개별적으로 계산하는 분리과세를 채택하는 소득도 있어요.

소득세를 공평하게 부과하기 위한 방법이 있나요?

누진과세

세액 계산의 기준금액이 많을수록 더 높은 세율이 붙는 구조를 누진과세라고 해요. 소득세 누진과세는 과세소득금액에 따라 **6~45%까지 8단계** 세율로 나뉘지요. 누진과세는 소득이 적은 사람의 세금 부담을 낮추는 반면 소득이 많은 사람의 세금 부담을 높게 하여 가능한 한 공평하게 부담을 도모하는 구조랍니다. 누진과세는 소득재분배라는 기능을 수행하고 있어요.

소득공제

동일한 급여를 받는 사람이라도 가족의 구성이나 건강상태에 따라 필요한 생활비가 달라요. 예를 들면, 자녀가 몇 명 있는지, 병원에 입원해야 하는지 등 각 사정에 따라 그 해에 필요한 비용은 천차만별이지요. 이렇게 필요한 비용이 가정마다, 그리고 해마다 다르기 때문에 이를 고려하지 않는 세금 부과는 공평하다고 할 수 없답니다.

되도록 공평하게 세금을 부과하기 위해 소득세는 '소득공제제도'라는 제도를 두고 있어요. '공제'란 차감한다는 뜻이며 세금 부담을 경감시킨다는 의미예요. 예를 들면, 누구나 적용받는 기초공제 이외에 각자 신청해서 적용받는 배우자공제나 의료비공제 등을 별도로 두고 있지요.

소득세를 납부하는 방법

소득세, 지방소득세 등 주요 세금은 회사원과 자영업자가 각각 납부방법이 달라요.

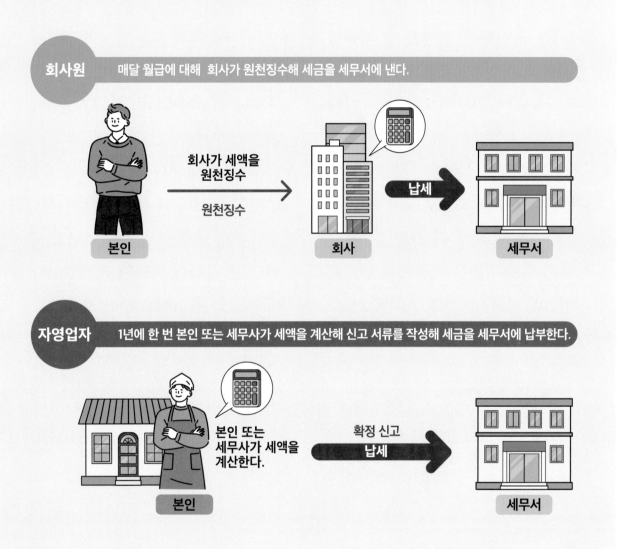

회사원 매달 월급에 대해 회사가 원천징수해 세금을 세무서에 낸다.

회사가 세액을
원천징수

원천징수

납세

본인 회사 세무서

자영업자 1년에 한 번 본인 또는 세무사가 세액을 계산해 신고 서류를 작성해 세금을 세무서에 납부한다.

본인 또는
세무사가 세액을
계산한다.

확정 신고
납세

본인 세무서

법인세에 대해 알아봅시다

법인이란 주식회사, 합명회사, 재단법인, 합자회사, 농업협동조합 등의 회사나 조직을 말해요. 법인은 개인과 같은 사람은 아니지만 사람처럼 다루어져 권리나 의무가 부여돼요.

법인세는 국세의 하나로서 법인의 각 사업연도 소득에 대한 직접세예요. 법인세 세액은 법인이 얻은 매출에서 원재료비나 인건비, 경비 등 비용을 차감한 소득(과세소득)에 세율을 곱하여 산출하지요. 법인세의 세율은 회사의 규모와 법인의 구분에 따라 달라지며, 소득세와 같은 8단계 누진세율이 아니고 3단계의 간단한 누진세율을 적용하고 있어요.

과세소득이 적자인 경우, 즉 수입보다 비용이 많거나 손실이 발생한 경우에는 법인세를 납부할 필요가 없어요. 공제할 수 있는 항목이 있다면 세액에서 차감하여 세금을 감소시킬 수 있지요.

법인세 대상법인 예시	법인세액 산출방법	
주식회사, 유한회사, 합명회사, 합자회사, 농업·어업협동조합, 재단법인, 근로자협동조합 등 법인격 없는 단체나 비영리법인의 수익사업	과세소득	수입금액-비용=과세소득금액
	법인세액	과세소득금액×세율=법인세액

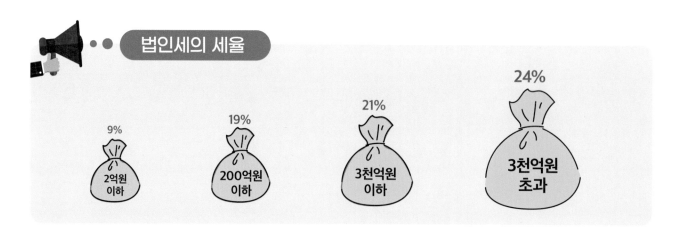

법인세의 세율

9%
2억원 이하

19%
200억원 이하

21%
3천억원 이하

24%
3천억원 초과

부가가치세에 대해 알아봅시다

부가가치세는 상품의 판매와 서비스의 제공처럼 대가(대금과 보수 등)를 수반하는 경우 붙는 세금이에요. 물건을 구입하거나 택시를 탈 때마다 부가가치세를 지불하기 때문에 일반인에게 가장 잘 알려진 세금이기도 하지요.

부가가치세를 부담하는 담세자는 일반 소비자들이에요. 상점과 법인 등의 사업자는 납세자이고요. 이들은 담세자로부터 받은 부가가치세를 정리하여 세무서에 납부해요. 이렇게 담세자와 납세자가 다르기 때문에 부가가치세는 간접세로 분류돼요.

소비세는 소득과 자산의 고저나 성별 등과 관계없이 누구나 같은 세율을 부담하는 세금이에요. 매우 평등한 세금이라고 할 수 있으나 식료품이나 생활필수품을 포함해 모든 상품과 서비스에 과세되므로 소득이 적은 사람일수록 **상대적으로 더 많은 부담을 져요. 즉 소득세와는 달리 소득조절 능력은 없는 거지요.**

부가가치세액 산출방법	상품과 서비스 가격 × 부가가치세율 10% = 부가가치세액
	예 연필 1,000원 × 10% =100원
	(소비자가 사는 연필가격 1,100원 안에 부가가치세 100원이 포함되어 있다.)

상속세에 대해 알아봅시다

사람이 죽으면 사망한 사람(고인)의 재산이나 권리 등 유산은 누군가가 물려받아요. 이를 물려받는 것을 상속(유산상속)이라고 하고 받는 사람을 상속인이라고 하지요. 일반적으로 민법상 직계비속과 배우자인 가족 등 친족이 상속인이 돼요.

상속인은 상속 재산(토지, 건물, 현금, 예금, 유가증권, 귀금속 등)의 금전적 가치에 따라 상속세법에 근거하여 상속세를 납부해요. 장례비용 등은 미리 차감되며, 기초공제(최소 5억원, 배우자 생존 시 추가 5억원, 합계 10억원) 후 과세금액에 따라 10~50%의 5단계 누진세율이 적용돼요. 유산에는 차감되는 것(부채, 임대부동산의 임대보증금은 차감됨)

이 있을 수 있으며, 차감이 너무 많아 상속인이 상속받을 시 손실을 입을 수 있을 경우 가정법원에 신청해 상속을 포기할 수도 있어요. 누가 얼마만큼 유산 상속을 받는지 생전에 유언서로 지정할 수 있으며 상속인 간 협의분할과 법률(민법)상 상속비율로 분할상속된답니다.

이렇게 유산을 상속받는 상속인은 일하지 않고 재산을 얻게 돼요. 이에 대해서는 소득세를 부과할 수 없답니다. 그러나 상속세를 걷지 않으면 자산가에게 부가 집중되어 경제적으로 윤택한 사람과 그렇지 않은 사람 사이에 차이가 발생해요. 그렇게 때문에 상속세는 소득(부) 재분배기능을 담당하지요.

증여세에 대해 알아봅시다

증여는 재산을 주고받는 사람이 살아 있는 동안 증여 쌍방 의사를 확인할 시 성립해요. 증여와 상속은 성질이 비슷해서 모두 상속세 및 증여세법에서 규정하고 있지요. 증여세는 증여자별로 기초공제가 있는데 배우자는 6억원, 직계존속으로부터 수증 시 성인은 5천만원, 미성년은 2천만원이에요. 결혼 및 출산 시에는 1억원을 공제하고, 10년간 증여금액에 대해 한 번만 공제하며, 이를 초과해서 증여받을 경우 그 초과금액에 10~50%까지 5단계 누진세율을 부과해요.

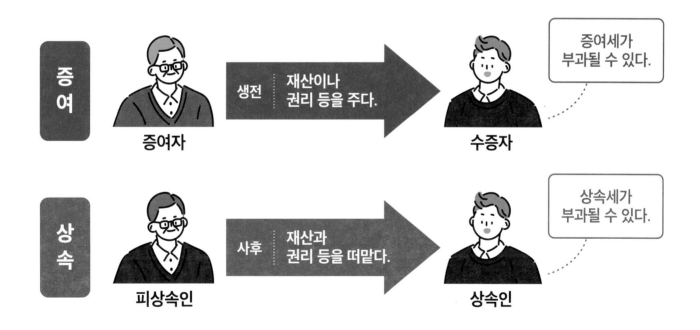

기타 세금에 대해 알아봅시다

 담배와 휘발유에 부과되는 세금과 공과금

- **담배** : 개별소비세/담배소비세/지방교육세/국민건강증진기금/폐기물부담금/부가가치세
- **휘발유** : 교통에너지환경세/교육세/자동차주행세/부가가치세

담배와 휘발유에는 여러 종류의 세금이 붙어 있어 세율이 매우 높아요. 담배가격이 4,500원인 경우 제조판매가 1,182원 + 개별소비세 594원 + 담배소비세 1,007원 + 지방교육세 443원 + 국민건강증진기금 841원 + 폐기물부담금 24원이 포함된 금액에 부가가치세 409원을 더해 가격이 결정돼요. 소비자가격의 73.73%가 세금과 공과금으로 구성되어 있는 거지요.

휘발유는 1리터당 1,550원일 때 제조판매가 663원 + 교통·에너지·환경세 529원 + 교육세 79원 + 자동차주행세 138원 + 부가가치세 141원으로서 소비자가격의 57.23%가 세금과 공과금이랍니다.

인지세

인지세는 재산에 관한 권리 등의 창설, 이전, 변경에 관한 계약서나 이를 증명할 목적으로 그 사실을 표시하기 위해 작성하는 그 밖의 문서와 통장에 그 문서에 대한 인지세를 부과해요.

인지세 납부방법은 특별해요. 통장 등 계속·반복적 거래(거래 건당 통상 100원부터 1천원) 이외에는 정해진 금액의 수입인지를 '종이문서용과 전자문서용 전자수입인지'로만 납부하며 아래 사이트를 접속하여 납부할 수 있어요.

https://www.e-revenuestamp.or.kr/

🐘 주세

주류에 부과하는 주세는 국세 및 간접세로 분류돼요. 1도 이상의 알콜이 포함된 음료가 주류이며 막걸리, 청주, 맥주, 와인, 위스키, 소주 등이 있지요. 종류에 따라 과세 세율이 다르기 때문에 주세가 높은 위스키를 예로 설명해 볼게요.

위스키의 세금 포함 판매가격이 53,240원이라면 상품가격이 25,000원, 18,000원이 주세(72%)이고, 교육세는 주세의 30%를 부과하므로 5,400원, 위의 모든 금액을 합한 금액에 부가가치세 10%인 4,840원이 붙어요. 그래서 총 판매가격이 53,240원이 돼요. 결국 위스키 판매가격의 46.96%만 상품가격이고, 세금이 53.04%나 차지하는 거지요. 즉, 위스키의 주세 관련 세금은 상품가격 대비 112%나 된답니다.

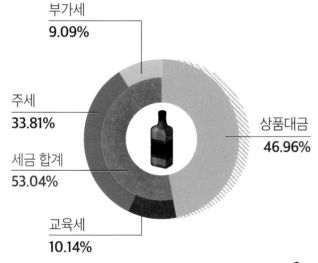

부가세
9.09%

주세
33.81%

세금 합계
53.04%

교육세
10.14%

상품대금
46.96%

위스키 판매값	53,240	점유비
상품 대금	25,000	46.96%
세금 합계	28,240	53.04%
주세	18,000	33.81%
교육세	5,400	10.14%
부가세	4,840	9.09%

관세

우리나라에 수입되는 물품에 대해 부과되는 세금을 관세라고 불러요. 수입품에 세금을 부과하면 국세의 세수 증가도 되지만, 사실 관세의 가장 중요한 목적은 국내 산업의 보호예요.

예를 들어볼게요. 외국의 저렴한 소고기가 수입되면 국내의 값비싼 소고기는 가격 경쟁에서 밀려 팔리지 않게 되겠죠. 이는 곧 축산농가의 경영이 어려워진다는 뜻이기도 해요. 쌀, 목재, 자동차, 철강 등 다른 분야도 수입품에 의해 국내 산업이 어렵게 될 가능성이 존재해요. 그렇기 때문에 수입품에 세금을 부과해 가격을 비싸게 만들어 국산품 이용을 장려하기 위해 관세를 이용해요. 나라마다 관세를 두고 있는 이유지요. 그러나 관세는 국제 무역자유화에 상반돼 오늘날 국제적 흐름에 역행할 수 있어요.

세계 경제는 자유화 방향으로 흐르고 있기에 두 개 국가(미국과 한국 등) 또는 복수 국가 간에 무역 문제가 발생할 수 있어요. 이를 방지하기 위한 회의인 TPP(환태평양 파트너쉽 협정)는 한국, 싱가포르, 캐나다, 오스트레일리아 등 복수 국가의 경제 자유화를 위한 협정이랍니다. 이 회의에서 관세 철폐와 관세율의 단계적 인하 등 자유화를 위한 다각적 교류가 있었어요.

재산세, 취득세

재산세는 토지와 **건물 등**(주택, 공장, 사무소 등) 부동산과 차량, 항공기, 선박 및 각종 회원권의 취득에 부과되는 세금이에요. 매년 6월 1일 소유자에게 재산세가 정률로 과세되지요.

부동산취득세는 고정자산 중 토지, 건물 등 부동산과 이에 준하는 차량, 항공기 및 각종 회원권 등에 부과되는 세금이에요. 이름에서도 알 수 있듯이 부동산을 취득할 때에 **한 번만 부과돼요.**

지방소득세

지방소득세는 지방세 중 하나로서 지방세 전체의 약 20%(2022년 세수)를 차지하는 중요한 세금이지요. 지방자치단체의 행정서비스에 드는 비용을 충당하기 위해 직접세로 부과돼요. 지방소득세는 거주민이 납부하는 세금이므로 인구가 많고 적음에 따라 지방자치단체별로 세수에 큰 차이가 난답니다.

개인이 납부하는 지방소득세는 광역시나 도청이면 '광역세'나 '도세', 시·군·구이면 '시·군·구세'라고 불러요. 보통 지방소득세라면 두 세금을 합한 세금을 말하고, 주민세는 거주하는 곳과 법인의 사무소에서 납부하는 세금을 말해요.

지방소득세는 소득세에 대해 일정률을 계산하고, 주민세는 균등정액으로 계산해요. 지방소득세는 전년도 소득(과세소득금액)에 따라 과세되며 세율은 10%랍니다. 주민세는 모든 사람에게 균등하게 부과하는 금액이며, 소득이 일정액 이하인 사람이나 특별한 조건이 있는 경우는 주민세가 부과되지 않아요.

회사원의 경우 회사가 매월 월급에서

지방소득세와 주민세 세수 현황

(단위 : 억원, %)

순위	시도별 합계	190,650	100%
1	서울특별시	67,022	35.15%
2	경기도	46,521	24.40%
3	부산광역시	9,965	5.23%
4	경상남도	7,664	4.02%
5	인천광역시	7,381	3.87%
6	경상북도	7,212	3.78%
7	충청남도	7,142	3.75%
8	대구광역시	5,634	2.96%
9	전라남도	4,964	2.60%
10	울산광역시	4,954	2.60%
11	충청북도	4,833	2.53%
12	대전광역시	4,106	2.15%
13	광주광역시	3,972	2.08%
14	전라북도	3,334	1.75%
15	강원도	3,079	1.62%
16	제주특별자치도	1,915	1.00%
17	세종특별자치시	951	0.50%

지방소득세를 공제하여 대신 납부하고, 자영업자의 경우 관공서에서 보낸 납세통지서에 따라 스스로 기한 내에 납부해야 해요.

회사나 단체 등 법인도 주민세를 납부해야 하는데요. 개인에게 부과되면 개인지방소득세, 법인에게 부과되면 법인지방소득세라고 불러요.

자동차 관련 세금

자동차를 소유하면 몇 가지 세금이 부과돼요.

자동차 취득 시에는 개별소비세(차량가액의 0.5%), 교육세(개별소비세의 30%), 부가가치세(위의 가액을 모두 합한 가액의 10%) 및 취득세(차량가액의 7%, 영업용은 5%, 경차는 4%)가 부과되지요(공채매입 별도).

가정에 승용차를 보유하고 있다면, 자동차 배기량에 따라 배기량 CC당 80원[경차 1,000CC일 때 8만원]에서 200원[2,000CC일 때 40만원]의 자동차세와 지방교육세(자동차세의 30%)가 매년 6월 1일과 12월 1일 보유자 기준으로 부과돼요. 다만, 연간세액을 일시에 납부하는 경우 납부할 금액의 10% 범위 내에서 일정한 금액을 깎아준답니다.

개별소비세

보석 귀금속 등 사치성 고가의 물건(고급 시계·가방·융단·모피·가구·수렵용 총포류·자동차·휘발유 등 유류·담배 등)과 경마·경정·경륜장 및 카지노·유흥음식점·투전기설치장소·골프장 등의 입장행위 및 유흥음식행위 등에 대해 부과해요. 골프장은 골프장 입장 시 1인당 12,000원, 카지노는 1인당 5만원을 내야 해요. 골프장과 카지노는 다른 스포츠보다 비싸기 때문에 **귀족세**라고도 불리지요.

4

세금의 쓰임새

 세금의 쓰임새를 알려주세요!

 세금이 부족해요?

 세금을 내지 않으면 어떻게 되나요?

 세금의 역할은 무엇인가요?

 나라살림은 가정살림과 비슷한가요?

 우리나라의 1년간 세금 수입은
얼마인가요?

 여러분, 똑똑하게 세금 낼 준비
됐나요?

요즘 업계가 불경기라서. 아빠 회사가 돈을 많이 못 번대.

그런데 세금은 꼬박꼬박 내야 한다고 힘들어하셔.

유식이 사장님 아빠를 부러워하기만 했는데,

사업이란 것도 쉬운게 아닌가보다.

알고보니 벼라별 세금이 다 많잖아?

세금 걷는 정부가 우리나라에서 제일 부자 아닐까? ㅎ

뭐, 국군, 경찰 아저씨 월급, 전투기, 관공서, 상하수도, 도로, 학교도 세금으로 만드니, 세금이 많이 필요하겠지.

우리 아빠도, 사업 잘해서 세금 많이 내는 게 애국하는 거라고 하시더라.

난 예전엔 세금을 적게 내야 잘 살 거라고 생각했는데.

헤헷...

너 탈새한테 설득됐었구나?

우리 부모님은 언니가 결혼 생각 없다고 걱정하셔.

요즘 우리나라가 출산위기라며?

인구가 계속 줄어들거래~

일하는 사람이 적어지면 모이는 세금은 줄어들겠네

기업이 어려워도 국가에서 걷는 세금은 줄어들 거구.

나는 엔지니어가 되고싶었는데

나도 아빠 처럼 사업을 하고싶었는데

세금의 쓰임새를 알려주세요!

세금은 사회보장비로 사용되고 있지.

우리나라를 지키기 위해서도 세금이 큰 역할을 하네.

세금은 공공사업을 위해서도 사용되고 있군.

국가의 세출에는 세금의 사용처와 정부의 시책 등이 반영되어 있어요. 주요 세출마다 어떻게 사용되고 있는지 살펴볼게요.

사회보장비

헌법은 국민을 '인간다운 생활을 할 권리의 주체'로 규정(생존권적 기본권)하고 국가의 사회보장, 사회복지 증진 의무, 여성의 복지와 권익향상 및 노인과 청소년 복지향상, 생활무능력자의 보호 규정을 두고 있어요. 우리는 살아가면서 병에 걸리거나 출산이나 실업 등을 경험하는데, 정부는 국민들이 어떠한 경우에도 안정적인 생활을 할 수 있도록 하는 데에 돈을 지출하고 있지요. 그 비용을 사회보장비라고 하며 의료, 연금, 장기요양, 생활보호, 아동 양육 등이 이에 해당해요.

의료, 연금, 장기요양 등 사회보장에 필요한 비용은 기본적으로 매월 개인과 사업자가 부담하는 건강보험료를 재원으로 한답니다. 그러나 건강보험료만으로는 사회보장비 모두를 충당하지 못하므로 국가 세금을 사용하고 있어요.

고령사회로 진입하고 있는 우리나라의 사회보장 관련 비용은 매년 증가하고 있어요. 또한 저출산과 인구감소가 시작되고 있어 건강보험료 수입은 추후에 감소될 것으로 전망하고 있지요. 이러한 이유로 다른 재정지출을 줄이거나 증세로 세수를 증가시키지 않으면 장래에 현행 사회보장 수준과 동일한 수준을 유지하는 데 많은 어려움이 있을 것으로 전망돼요.

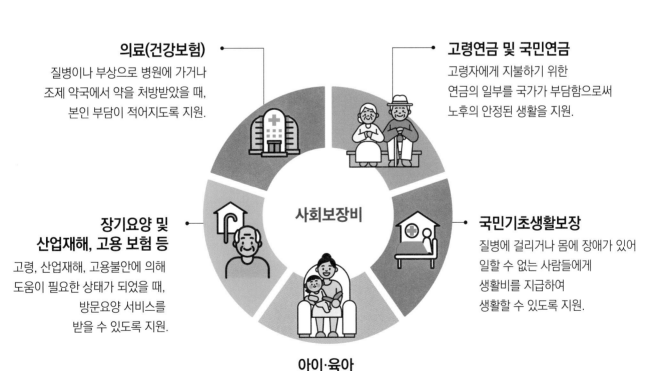

의료(건강보험)
질병이나 부상으로 병원에 가거나 조제 약국에서 약을 처방받았을 때, 본인 부담이 적어지도록 지원.

고령연금 및 국민연금
고령자에게 지불하기 위한 연금의 일부를 국가가 부담함으로써 노후의 안정된 생활을 지원.

장기요양 및 산업재해, 고용 보험 등
고령, 산업재해, 고용불안에 의해 도움이 필요한 상태가 되었을 때, 방문요양 서비스를 받을 수 있도록 지원.

국민기초생활보장
질병에 걸리거나 몸에 장애가 있어 일할 수 없는 사람들에게 생활비를 지급하여 생활할 수 있도록 지원.

사회보장비

아이·육아
보육소를 건설하거나 육아에 충당하기 위한 자금을 지급하거나 하여 안심하고 아이를 키울수 있도록 지원.

공공사업비

공공사업비는 국민생활과 사회활동, 국토 보전의 기반이 되는 시설의 건설과 정비에 사용되는 비용이에요. 공공사업은 개인이나 일반기업에서는 관리 및 운영하기 어려운 대규모 사업으로서 국가나 지방자치단체에서 큰돈을 들여 정비하고 있어요. 구체적으로는 도로, 하천, 댐, 항공, 항만, 공원, 주택, 하수도 등이 있지요.

댐

공항

고속도로

대규모 다리

문화교육·과학진흥비

헌법은 '모든 국민은 능력에 따라 동등한 교육을 받을 권리를 갖는다'라고 무상의무교육을 정하고 있어요. 유아 및 초등학교·중학교·고등학교는 의무교육으로서 입학금, 수업료, 학교운영지원비, 교과서비 등이 무료이지요. 이것들이 전부 무료인 이유는 문화교육비에 세금이 사용되고 있기 때문이에요.

문화교육비는 선생님의 월급 일부, 교실 개조비, 실험기구와 체육용품의 구입비, 체육관과 수영장의 건설비 등 교육관계 비용 등이 포함되어 있어요. 또한 과학진흥비에는 우주에 인공위성을 쏴올리기 위한 로켓개발, 에너지 및 방재기술개발 등 과학기술 발전을 위한 비용이 포함되어 있구요.

 방위비

전쟁이나 태풍, 지진 등이 발생한 때에는 국민과 영토를 지키기 위해 국군이 출동해요. 국군은 대한민국의 평화와 독립을 지키고 안전을 유지하며, 적의 침투 시 임전무퇴를 임무로 하지요. 우리나라는 다른 국가처럼 군대를 보유하고 있답니다. 국군은 육군, 해군, 공군의 3군으로 구성되어 있으며 국방부에서 관리하고 있어요.

이러한 국군의 운영을 위해 방위비가 사용되고 있어요. 방위비는 국군의 월급, 식대, 전투기와 함선의 구입비, 연료비 등이 포함되어 있어요. 또한, 대한민국에는 미군 기지가 있어 대한민국이 부담하는 비용은 방위비로 충당되고 있답니다.

지방교부세 교부금

지방자치단체의 세수는 주민과 기업의 수, 인구 상황 등에 의해 달라요. 사람과 기업이 많아 세수가 많은 곳이 있는 반면 고령화 진행 등으로 세수가 부족한 곳도 있답니다. 경찰, 소방, 쓰레기 수거 등의 공공서비스는 전국 모든 사람에게 일정 수준을 보장할 필요가 있지만 지방자치단체 재원만으로는 그 비용을 충당하지 못해요. 이 때문에 국가는 국세 일부를 지방교부세 교부금이라는 명목으로 지방자치단체에 지출해요.

국가와 지방자치단체의 역할 분담

국가와 지방자치단체는 행정사무를 분담하고 있어요. 국가는 외교, 국방, 사회보험처럼 우리나라 전체와 관련된 사무를 담당하고 있고, 지방자치단체는 사회복지, 교육, 지역 개발처럼 주민의 삶과 밀접한 사무를 담당하고 있어요. 지방교부세는 지방자치단체의 사무를 효율적으로 수행하기 위해 국가가 교부하는 교부금을 말해요. 지방자치단체는 이 교부금으로 지방자치단체의 사무를 추진하는 데에 필요한 비용을 충당해요.

경제협력비용

세계에는 빈곤과 기아로 어려움을 겪고 있는 사람들이 많아요. 충분한 식품과 깨끗한 물을 공급받지 못하는 사람도 있기에 이들의 생활환경을 개선하기 위해서 국제사회가 협력하여 원조하고 있답니다.

대한민국은 경제협력비 명목으로 개발도상국에 자금을 지원해 다리나 도로의 정비, 의료나 교육비에 사용하게 하고 있어요. 또한 정부개발원조(ODA)로 개발도상국의 경제적 및 사회적 개발과 복지 향상을 위해 직접 또는 국제기관을 통해 자금의 무상제공과 기술협력을 하고 있답니다.

과학기술 등 개발 비용

과학기술의 연구개발(R&D) 증진, 에너지 절약, 재생가능에너지의 도입과 기술개발, 국내자원의 개발, 석유 및 천연가스 등을 안정적으로 공급하기 위한 조사연구, 안정적이고 안전한 전력공급의 확보, 원자력 방재체제의 유지 등을 위해 지출하는 세출이랍니다.

우리나라는 자원이 부족하여 다양한 분야의 과학기술 연구개발을 위해 투자하고 있으며, 우리나라의 에너지 보급률은 10%로 낮아서(2020년) 많은 에너지 원자재를 해외에서 수입하고 있어요. 특히, 석유, 석탄, 천연가스(LPG)는 거의 100% 해외에 의존하지요. 자원이 적은 우리나라는 장래 국민부담을 완화시키기 위해 에너지 대책을 적극적으로 만들어 나가야 한답니다.

세금이 부족해요?

재정이란 무엇일까요?

정부(국가·지방자치단체)는 국민이 건강하고 문화적인 생활을 할 수 있도록 교육과 의료 등 여러 공공서비스를 제공해요. 정부가 하는 일에는 많은 돈이 필요하며, 그 돈은 주로 세금으로 충당해요. 정부가 세금을 거두어 관리하고, 필요한 사업과 서비스를 위해 사용하는 지출행위를 재정이라고 하지요.

국가의 재정은 가정의 가계와 유사해요. 가계가 벌어들인 돈은 아빠와 엄마가 회사 등에서 받은 월급이고, 국가가 거두어들인 돈은 개인과 기업에서 납부한 세금이지요. 가족을 위해 집의 돈을 사용하는 것이 가계이고, 국민을 위해 국가의 돈을 사용하는 것이 재정이랍니다.

재정에서 국가가 1년간 벌어들인 수입을 세입이라고 하고, 1년간의 지출을 세출이라고 해요. 양자는 같은 금액이 되어야 하고, 세입과 세출을 미리 예상하여 산정한 것을 예산이라고 하지요. 즉 국가는 거둘 금액과 사용처를 사전에 계획해요. 「정부의 세수는 어느 정도여서 무엇에 사용할까?」를 계산하여 예산을 작성하고 그것에 근거하여 공공서비스 등을 제공해요.

예산이 정해지는 과정

정부가 예산안을 짜서 국회에 내면

우리가 낸 세금이 예산으로 쓰이는구나!

국회가 예산을 최종 결정하는군!

1월 1일부터 12월 31일까지 1년간을 예산회계연도라고 해요. 국가의 수입금액도 지출금액도 예산회계연도에 따라 달라지므로 예산은 매년 새로 정해져요. 국가의 예산이 성립할 때까지의 흐름은 다음과 같아요.

예산은 전년도에 시작해요. 우선 정부의 각 부처에서 필요한 다음연도 예산의 기본방침을 만들어 기획재정부에 제출해요. 그러면 제출된 예산안에 대해 자

체 정부안을 만들어 국무총리가 주관하는 국무회의에서 최종 조율하여 국가 사업을 확정한 후 대통령이 결재해요.

그런 다음 정부의 예산(요구)안을 국회에 제출해요. 국회에서는 정부가 제출한 예산안에 대해 그 적정성을 심의하고 행정부가 올바르게 집행하고 있는지 여부를 심의하지요. 이러한 과정을 거쳐 최종적으로 국회에서 예산을 결정하게 돼요.

즉 기획재정부가 예산요구를 검토한

뒤 각 부처와 논의하여 예산안을 작성해 국무회의에 올리면 기획재정부의 예산안을 검토한 뒤 정부 예산안(정부원안)을 작성하여 국회에 제출해요. 국회는 예산위원회와 본회의 의장이 정부원안을 검토하며, 국회의원은 예산의 사용처와 금액이 적절한지를 논의하지요. 국회에 제출된 예산안은 국회 본회의에 제출되어 찬성 다수의 의결을 얻으면 예산이 성립되는 거예요.

국가의 예산에는 일반회계와 특별회계가 있어요. 일반회계는 국가의 중심이 되는 회계로 사회보장, 교육, 공공사업, 방위 등 기본적인 지출이 포함되어 있지요. 특별회계는 특정사업을 위한 회계로 공항이나 도로의 정비, 재해복구, 국민연금 등 지출이 포함되어 있답니다.

2024년에 국회에 제출된 행정부의 예산안 총액은 모두 약 656.9조원이며, 국회에서 최종 승인된 예산은 656.6조원이에요. 세입예산은 총 612조, 예산은 395.5조로 64.6%, 기금은 216.7조로 35.4%를 점유하고 있답니다. 이 중 국세

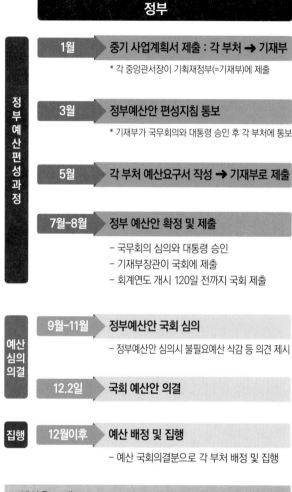

정부		

정부예산편성과정

1월 중기 사업계획서 제출 : 각 부처 → 기재부
* 각 중앙관서장이 기획재정부(=기재부)에 제출

3월 정부예산안 편성지침 통보
* 기재부가 국무회의와 대통령 승인 후 각 부처에 통보

5월 각 부처 예산요구서 작성 → 기재부로 제출

7월-8월 정부 예산안 확정 및 제출
- 국무회의 심의와 대통령 승인
- 기재부장관이 국회에 제출
- 회계연도 개시 120일 전까지 국회 제출

예산심의의결

9월-11월 정부예산안 국회 심의
- 정부예산안 심의시 불필요예산 삭감 등 의견 제시

12.2일 국회 예산안 의결

집행

12월이후 예산 배정 및 집행
- 예산 국회의결분으로 각 부처 배정 및 집행

예산은 크게
정부예산작성, 국회심의의결, 집행, 결산과 감사로 구분됨

세수는 367.3조로서 세입예산의 60%를 차지하고 있지요. 조세가 그만큼 중요하답니다. 2023년의 국세 세수 중 법인세·소득세의 합계가 58.9%, 여기에 부가가치세 21.98%를 더하면 세 가지 세목

이 80.88%를 점유하게 되기 때문에 가장 중요해요. 또한 세입의 35.4%인 기금 예산 중 사회보장성 기금이 146.6조로서 총 기금의 67.6%를 점유하는데, 국민 연금기금, 고용보험기금, 공무원연금기금, 군인연금기금, 사립학교교직원연금기금, 산업재해보상보험 및 예방기금으로 구성되어 있어요.

🐘 국가 세입에는 일반회계와 특별회계가 있어요

일반회계는 큰돈을 다루는 지갑이고 특별회계는 필요에 따라 사용하는 작은 지갑이라고 할 수 있어요. 이 중 일반회계란 일반적으로 단순하게 국가의 예산을 말하는데, 정부 예산 가운데 가장 기본이 되는 회계로서 조세수입과 세외수입(벌금, 가산금 등)으로 재원을 마련해요. 특별회계는 특정 사업 운영과 특정 자금을 보유하기 위한 것으로 국세 중 주세, 농어촌특별세 등의 국세와 융자 회수, 각종 부담금(환경개선부담금 등) 등 자체 수입으로 구성돼요.

기금은 특정 목적을 위해 적립하는 것으로서 사회보장성기금(6개), 사업성기금(국민연금기금 등 49개), 계정성기금(복권기금 등 4개) 등이랍니다. 그리고, 이러한 예산이 확정된 이후 추가, 변경된 예산을 편성하는 추가경정예산이 있어요.

* 출처 : 기획재정부 2024 나라살림 예산 개요

세금을 내지 않으면 어떻게 되나요?

　납세의무는 헌법으로 정해진 국민의 의무랍니다. 그러므로 누구도 세금을 납부하지 않으면 안 돼요. 세금을 납부하면 **쓸 수 있는 소득**이 줄어들기 때문에 자진 납세하고 싶은 사람은 많지 않겠지만, 납부해야 할 세액을 납부기한까지 확실하게 납부하지 않으면 불이익이 많아진다는 것을 꼭 알아야 해요.

　그러면 세금을 바르게 납부하지 않으면 어떻게 될까요? 위반자는 매우 엄격하게 처벌돼요. 세금을 납부하지 않는 경우는 물론이고, 납부가 지연된 경우나 세금계산 신고서류를 기한까지 제출하지 않는 경우도 다음의 표처럼 세금이 가산된답니다.

벌칙으로 가산된 세금(국세의 경우)

세금 (가산세)	가산될 때	이자·세율
납부지연가산세	신고서류를 제출했지만 기한까지 납부하지 않은 경우	일자별 이자
과소신고가산세	신고서류 세액이 본래 금액보다 적었기 때문에 수정서류를 제출한 경우	① 10%
무신고가산세	신고서류를 기한까지 제출하지 않은 경우	② 15%
원천납부지연가산세	원천징수세(급여나 이자 등에서 공제해 둔 소득세 등 세금)를 납부기한까지 납부하지 않은 경우	③ 3% 또는 일자별 이자
부당과소가산세	과소신고가산세, 무신고가산세, 미납부가산세가 부과된 경우 의도적으로 소득금액 등을 숨긴 경우	①, ②가 아닌 40%

납부해야 한다는 사실을 잊어버렸거나 사정이 생겨 기한을 맞추지 못한 경우 등 여러 이유로 세금 미납이 발생해요. 그러나 우리나라는 자신의 세금을 스스로 계산하여 납부하는 자진신고 납부제도를 채택하고 있기 때문에 본인의 책임 하에 납세하지 않으면 안돼요.

드물게 의도적으로 세금을 납부하지 않는 사람도 존재해요. 예를 들어 매출을 일부러 적게 신고하거나 **비용을 많게** **신고해서 소득을 적게 보이도록 하여** 소득을 숨기는 행위를 하는 사람도 있어요. 특히, 악질적이고 불법적인 수단으로 세금을 탈세하면 최고 2년 이하의 징역 또는 포탈세액의 2배에 달하는 벌금이, **또는 둘 다 부담하는 상황이 발생**해요. 납세는 국민의 의무이므로 바르게 신고 및 납부하는 것이 최선의 절세방법이라는 것을 잊지 마세요!

세금의 역할은 무엇인가요?

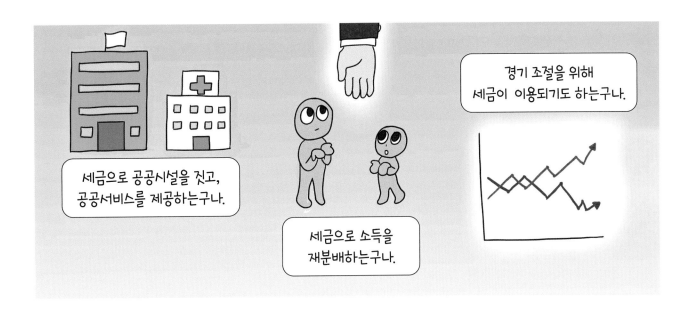

세금으로 공공시설을 짓고, 공공서비스를 제공하는구나.

세금으로 소득을 재분배하는구나.

경기 조절을 위해 세금이 이용되기도 하는구나.

물건을 살 때 또는 서비스를 이용할 때 우리는 세금을 내요. 이렇게 납부된 세금은 과연 어떤 역할을 할까요? 사람마다 납부하는 세금이 다른 걸 보면 뭔가 의미가 있는 것 같아요. 시장 경기라는 말과 관계가 있을까요?

소득이 많으면 세금도 많아져요. 세금이 적으면 소득에서 세금을 제외한 금액이 많아지므로 그만큼 쇼핑을 많이 할 수 있으니까 가게도 회사도 더 크게 번창할 수 있지 않을까요?

그래도 가게나 회사의 이익이 많아져 세금을 더 많이 내야 할 것 같아요. 절대적으로 소득이 많아져 세금을 많이 납부하더라도 처분할 수 있는 소득금액은 절대적으로 늘어날 것이기 때문이에요.

세금은 기본적으로 우리 모두를 위해 사용돼요. 또한, 국가나 지방자치단체의 운영비로도 사용되지요.

이러한 점에서 세금은 사회적으로 3가지 역할을 수행해요.

첫 번째는 **공공시설과 공공서비스의 재원**으로서 역할을 해요. 세금은 국가와

지방자치단체의 기본활동 이외에도 도로와 수도, 교육과 의료, 고령자 돌봄 등 사회에 필요한 공공시설과 공공서비스의 비용을 충당하고 있어요.

두 번째는 **소득재분배 역할**이에요. 쉽게 말하면, 경제적으로 윤택한 사람과 그렇지 않은 사람의 차이를 줄이는 기능이지요. 소득과 자산이 많은 사람에게 세금을 많이 부담시켜 그 세금을 사회보장이나 공공서비스 등의 재원으로 사용하고 소득과 자산이 적은 사람에게는 세금을 적게 **부담시키거나 장려금을 주어** 자금력이나 경제력 등의 격차를 좁히기도 한답니다.

마지막으로 **경기조절이라는 역할**도 있어요. 국민의 생활을 안정시키기 위해서는 경기 변동이 적을수록 좋아요. 경기란 경제활동성을 나타내는 말로, 생산과 소비가 왕성한 때를 호경기(호황)라고 하고, 생산이나 소비가 지나치게 침체된 때를 불경기(불황)라고 한답니다. 정부는 너무 지나치게 경기가 과열되면 세금을 더 걷는 정책으로 기업과 국민의 소비나 투자를 억제한답니다. 반대로 불경기가 지속되면 감세정책으로 세금 부담을 줄여 소비와 투자가 활발해지도록 하지요. 또한 누진세를 적용하는 세금은 경기나 개별기업의 실적에 의해 납부하는 세금이 증가해요. 호경기일 때는 세금이 늘어나므로 더 걷는 효과가 있고, 불경기일 때는 세금이 줄어들기 때문에 덜 걷는 효과가 있어요.

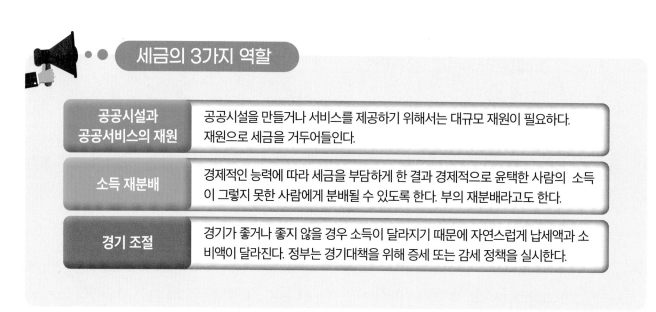

세금의 3가지 역할

공공시설과 공공서비스의 재원	공공시설을 만들거나 서비스를 제공하기 위해서는 대규모 재원이 필요하다. 재원으로 세금을 거두어들인다.
소득 재분배	경제적인 능력에 따라 세금을 부담하게 한 결과 경제적으로 윤택한 사람의 소득이 그렇지 못한 사람에게 분배될 수 있도록 한다. 부의 재분배라고도 한다.
경기 조절	경기가 좋거나 좋지 않을 경우 소득이 달라지기 때문에 자연스럽게 납세액과 소비액이 달라진다. 정부는 경기대책을 위해 증세 또는 감세 정책을 실시한다.

나라살림은 가정살림과 비슷한가요?

과거엔 어떤 식으로 물건을 사고팔았을까요? 돈(화폐)이 없었던 조선시대 이전은 사슴과 멧돼지, 물고기 등을 교환하면서 필요한 물건을 손에 넣었대요(물물교환). 그 후 돈이 등장하고 교환수단으로 사용하게 되자 물건과 동등한 가치의 돈으로 교환함으로써 경제(화폐경제)가 생기게 되었어요. 지금은 형태가 있는 물건뿐만 아니라 노동 등 형태가 없는 서비스도 각각의 가치에 상응하는 돈과 교환하는 경제가 성립되어 있지요. 정리해보면, 과거 물건과 물건의 교환에서 현재 물건이나 서비스를 돈으로 교환하는 방식으로 발전했다는 것이지요. 다시 말해 돈으로 물건을 사고 대금을 지불하거나, 서비스를 이용하고 이용요금을 지불하는 방법으로 가치를 교환하고 있는 거예요.

현재 가정에서 물건을 구입할 때 사용하는 돈은 누가 번 돈일까요? 우리 학생들의 용돈은 누가 번 돈인가요? 맞아요. 아빠와 엄마가 번 돈이지요. 당연히 용돈이 많으면 좋겠지만, 용돈을 너무 많이 받으면 가정에서 쓸 돈이 적어져 가계에 부담이 될 거예요.

가정생활에는 음식과 옷 등을 살 돈이 필요해요. 아빠와 엄마가 회사원이나 공무원이라면 회사나 사무실에서 받은 월급을 수입으로 하고, 상점이나 농업을 하면 사업을 통해 얻은 이익을 수입으로 하여 그 돈으로 생활에 필요한 물건을 사거나 서비스를 이용하지요.

한 가정의 수입과 지출을 가계라고 하고, 한정된 돈을 써서 생활하는 것을 '살림한다'고 표현해요. 가계부를 잘 꾸려 수입과 지출의 균형을 이루어야 하지요. 예를 들면, 1개월간 월급이 300만 원이면 지출은 300만 원을 넘지 않도록 해야 해요.

월급과 국가재정도 마찬가지랍니다. 월급을 받으면 다음 달 받을 때까지 계획을 잘 세워서 사용해야 해요. 국가 살림을 재정이라고 하며, 정부는 국가에 들어온 세금 등을 잘 꾸려서 국민을 위해 사용해야 한답니다.

가계와 소비지출

우리나라 근로자 가구와 사업소득자 가정의 평균 소비지출은 통계청에서 발표한 자료에 의하면 월평균 2,908,117원이라고 해요. 가족이 생활하는 데 필요한 월 지출항목이지요. '생활비'나 '가계비' 등으로 불리며 수입에서 소비하지 않는 지출(세금이나 사회보험료 등)을 차감한 부분이랍니다.

 가계동향조사 결과

(단위 : 원)

소비지출항목	금 액	비고
합 계	2,908,117	
식비	427,016	
식료품, 비주류음료	403,891	
주거·전기·수도	390,313	
교통비	335,356	
보건 의료	254,021	
교육	243,980	
오락, 문화	212,868	
가사용품, 가사서비스	118,243	
의류, 신발	127,137	
통신료	129,318	
주류, 담배	36,884	
기타 상품, 서비스	229,088	

출처 : 2024년 4월 지출 가계동향조사 결과(통계청. 보도자료 2024.6.30.)

세금 퀴즈입니다 : 우리나라의 1년간 세금 수입은 얼마인가요?

연간 세수란 납부한 세금의 연간합계액을 말해요. 국가와 지방자치단체의 가장 중요한 수입은 세금이지요. 1년간 거둔 세금 총액은 국세(2023년 말)가 약 335조 6,723억원, 지방세(2022년 말)가 약 118조 5,706억원이랍니다.

(단위 : 조원)

세목	금액	비율
소득세	115.8	34.95%
법인세	80.4	23.95%
부가세	73.8	21.98%
상증세	14.6	4.35%
교통세	10.8	3.22%
증권거래세	6.1	1.82%
개별소비세·주세	12.4	3.69%
그 외	21.8	6.49%
계	335.7	100%

[출처 : 국세통계(2023년)]

(단위 : 조원)

세목	금액	비율
취득등록면허세	29.6	24.96%
지방소비세	23.9	20.15%
지방소득세	24.3	20.49%
주민세	2.5	2.11%
재산세	16.3	13.74%
자동차세	7.3	6.16%
지방교육세	7.5	6.32%
그 외	7.2	6.07%
계	118.6	100.0%

[출처 : 위택스-지방세통계연감(2022년)]

주요 세금별 비율은 위 도표와 같아요. 국세의 가장 큰 비율을 차지하는 세금은 소득세이지요. 그다음 법인세와 부가가치세 **세수가 많고, 지방세에서 가장 큰 비중을 차지하는 세금은 취득세와 등록세이며, 그다음은 지방소득세(개인과 법인)랍니다.** 이외에는 지방소비세, 재산세, 사업세(법인) 등이 세수가 많은 세금이며 세금별 비율은 세금 제도의 개정으로 계속 변하고 있답니다.

문제 1 1년 국세를 사용하여 잠실 롯데타워를 만든다면 몇 개를 건설할 수 있을까요?

(A) 53개　　(B) 73개　　(C) 83개　　(D) 93개

문제 2 연간 국세를 1만원 지폐로 쌓는다면 잠실 롯데타워(높이 503m) 몇 개를 쌓을 수 있는 높이일까요?

(A) 5,862개　　(B) 6,673개　　(C) 6,763개　　(D) 8,032개

세금 퀴즈의 해답(문제는 p.97)

문제 1 정답 : (C)

국세 수입 335.7조원, 잠실롯데타워 건설비를 4조원으로 계산한다.

335.7조원/4조원 = 83개

문제 2 정답 : (B)

국세를 335.7조원, 잠실롯데월드타워 높이를 503m로 계산한다.

1만원권을 1매씩 겹치면 100만원(100장)에 약 1cm가 됨.

100배는 1억원(10,000장)이면 100cm(1m),

10,000배는 1조원(100,000,000장)이면 1,000,000cm(10,000m).

335.7조원×10,000m = 335.7만m

335.7만m/503m = 6,673.9562624254….

⇨ 약 6,673개의 높이임.

여러분, 똑똑하게 세금 낼 준비 됐나요?

혹시 대한민국의 장래에 불안감을 느끼는 사람이 있을지도 몰라요. 세금과 그 사용처인 재정에 대해 생각해 본다면 그 불안감이 어디서 오는지 알 수 있겠지요.

2021년에는 세 수입이 증가해 세입예산 506조보다 약 17조가 초과 수입되었어요. 총 세입 524조원 대비 총 세출이 497조로써 세입이 세출을 무려 27조원을 초과하여 재정 흑자를 기록하였던 흐뭇한 기억이랍니다.

그러나 2023년에는 무려 60조원에 달하는 재정적자를 보였고, 2024년에도 상반기 기준으로 세수 적자가 지속되고 있어요. 우리나라는 세수가 줄어들더라도 세출 규모가 방대해져 추후 재정적자가 심각해질 것으로 예상하고 있으며, 적자를 메꾸기 위해 국채를 발행하고 있지요. 세출이 세수를 크게 초과하는 재정 상태는 건전하다고 볼 수 없어요.

세출이 증가하게 된 원인 중 하나는 사회보장비의 증가에 있어요. 사회보장비는 의료, 연금, 장기요양 등의 비용 증가로서 저출산고령화가 진행되고 있는 현재 더욱 증가할 우려가 높답니다. 대한민국의 합계 출산율은 1.0에 못 미쳐 2021년부터 인구가 감소하고 있어요. 세수의 자연적인 증가도 이제는 기대하기 어려운 상태이기 때문에 세수를 증가시키는 방법으로 증세를 실시하고 있답니다.

앞으로 더 많은 세금을 내야 하는 시대가 올지도 몰라요. 그렇기 때문에 우리는 국민으로서, 그리고 납세자로서 세금의 결정방식과 그 사용처에 대해 관심을 가질 필요가 있어요.

이제부터 세금, 사회보장 그리고 우리나라의 장래에 대해 함께 고민해 보는 것은 어떨까요?

책으로 한 번, 보드게임으로 **한 번 더!**
부자 되는 세금 이야기!

세금이 뭐니? MONEY!

책 다음은 보드게임이다!
보드게임을 통해 가족, 친구와 함께 새로운 인생을
즐기다 보면 따로 애쓰고 공부하지 않아도
복잡한 세금에 대해서 자연스럽게 알게 된답니다!

POINT!

✓ 게임 속에서 다양한 활동들을 하며 새로운 인생을 살아볼 수 있어요!
집도 사고 , 차도 사고! 이런 과정 속에서 자연스럽게 세금에 대해 알게 된다고!

✓ 친구, 가족 남녀노소 누구나 함께 즐길 수 있어요!
게임을 하는 건 쉽지만 이기려면 머리 좀 써야 할걸?

✓ **살면서 겪게 되는 세금과 관련된 다양한 상황이 펼쳐져요!**
세금은 많이 내는 게 좋은 걸까? 세금은 대체 언제 내야 하지? 한번 도전해봐~

✓ 국내 최고의 기능성 보드게임 회사인 크레몽에서 만들었어요.
그래서 더 믿을 수 있다고!

CREMONDe
크레몽

역시 세금 같은 건 안 내도 1등하기 쉽네!

미안한데, 너 뒤에서 1등이야

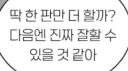

딱 한 판만 더 할까? 다음엔 진짜 잘할 수 있을 것 같아

좋긴 한데 밥은 먹고 할까 우리?

세금이 뭐니? MONEY!

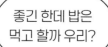   

2인 이상 | 30~40분

 문의사항 1660-1326

cremond@naver.com

똑똑한 세금 이야기

2024년 12월 13일 초판 인쇄
2024년 12월 20일 초판 발행

지 은 이 | 신승근, 조경희, 허종
그   림 | 이영욱, 김지원
게   임 | 오은강
발 행 인 | 이희태
발 행 처 | 삼일피더블유씨솔루션
등록번호 | 1995.6.26.제3 - 633호
주   소 | 서울특별시 용산구 한강대로 273 용산빌딩 4층
전   화 | 02)3489 - 3100
팩   스 | 02)3489 - 3141
가   격 | 13,000원

ISBN 979-11-6784-311-1   63320

* 삼일인포마인은 삼일피더블유씨솔루션의 단행본 브랜드입니다.